Siento que Elyse Fitzpatrick ha sido mi mentora y me ha discipulado durante años a través de sus libros, que siempre están en mi mesita de noche y en un canasto en mi mesita baja. También tengo ejemplares extra en algunas carteras, que suelo entregar a las mujeres que yo misma discípulo. Este libro, sin embargo, es uno que deben leer todas las mujeres que conozco. Es una cita ideal, café de por medio, repleta de amor y de esperanza para toda mi generación. Son palabras que anhelamos escuchar, que creo que podemos obtener sólo de mujeres como Elyse, mujeres cuya mirada está puesta en Jesús y que siguen corriendo la buena carrera delante de nosotras.

JESSI CONNOLLY,
Autora y empresaria, naptimediaries.com

Cuando usted elige un libro escrito por Elyse Fitzpatrick, sabe que recibirá buenas nuevas. ¿Y quién no necesita escuchar buenas nuevas? Las mujeres cansadas no tienen tiempo para perderlo en falsas esperanzas. Cada mujer tiene que apartar la mirada de sí misma y mirar a Aquel que está sentado a la diestra del Padre. Cada página del libro *Libérese del peso de la rutina* está repleta de palabras de alivio que afirman que Cristo es nuestra fuerza suficiente.

GLORIA FURMAN,
Esposa de pastor, madre de cuatro hijos, trabajadora transcultural, autora de *Glimpses of Grace* [Destellos de gracia] y *Treasuring Christ When Your Hands Are Full* [Atesoremos a Jesús aún cuando estamos demasiado ocupadas]

Elyse Fitzpatrick es una embajadora sincera e inquebrantable de la verdad acerca de la gracia. Para las mujeres que se esfuerzan mucho en la vida, para las que están preocupadas, para las cansadas y para las que nunca es suficiente, Elyse les señala una y otra vez: *Son bienvenidas y amadas por causa de Jesús. Con eso basta.*

EMILY P. FREEMAN,
Autora de *Grace for the Good Girl: Letting Go of the Try-Hard Life* [Gracia para las buenas mujeres: cómo librarse de vivir intentando hacer todo bien]

I0895941

La iglesia debería ser la única institución en toda la sociedad que anuncia descanso para aquellos que se encuentran trabajados y cansados, pero con demasiada frecuencia las personas quebrantadas y exhaustas obtienen, en su lugar, una lista de tareas pendientes. Mi amiga Elyse (en realidad, es como si fuera una sabia hermana mayor) ha escrito este libro para todas las mujeres cuyas almas están cargadas por la presión incesante de tener que ser mujeres perfectas. Si usted siente la necesidad de obtener buenas nuevas que le traigan alivio y libertad, no deje de leer este libro. Te agradezco, Elyse, por recordarme una vez más que "consumado es"... siempre se me olvida.

TULLIAN TCHIVIDJIAN,
Pastor principal de la Iglesia Presbiteriana Coral Ridge y autor de
Amor en una dirección: Inagotable gracia para un mundo agotado

La primera vez que escuché acerca de Elyse Fitzpatrick fue cuando leí *Comforts from the Cross* [Consuelo desde la cruz], y para bien o mal, me sorprendió agradablemente que un devocional escrito por una mujer pudiera ser tan rematadamente bueno. Desde entonces, J. D. y yo hemos sido miembros del club de fans de cualquier material Fitzpatrick. Ella escribe acerca de la gracia de una manera real y práctica. Cualquier mujer que haya pensado alguna vez: *Entiendo que el evangelio es el centro, pero,* ¿qué *hago con mi hijo caprichoso, con mi conciencia que desespera, o esta voz interna que grita de ansiedad?* debe leer *Libérese del peso de la rutina.* Elyse les brinda buenas nuevas a las mujeres que se están ahogando en un mar de malos consejos.

VERONICA GREEAR,
Madre de cuatro hijos y esposa de J. D. Greear,
pastor de la iglesia The Summit

ESCÁPESE DE LA CARGA DE QUEHACERES,
TAREAS Y MALOS CONSEJOS

LIBÉRESE *del* PESO *de la* RUTINA

ELYSE FITZPATRICK

PATMOS

Libérese del peso de la rutina:
Escápese de la carga de quehaceres, tareas y malos consejos

Publicado por Editorial Patmos,
Miami, FL. 33169

Publicado originalmente en inglés por Tyndale House Publishers, Inc.
351 Executive Drive, Carol Stream, IL 60188, con el título *Good News for Weary Women: Escaping the Bondage of To-Do Lists, Steps, and Bad Advice*

Traducción por Heidi Van Zandweghe
Edición por Belmonte Editores
Diseño de portada e interior por Adrián Romano

ISBN: 978-158802-778-8
ISBN eBook: 978-158802-923-2

Categoría: Vida Cristiana/Mujeres

Impreso en Brasil | *Printed in Brazil*

A todas las mujeres cansadas, agobiadas, heridas, y a las que están atravesando luchas que aman al Señor, pero no consiguen encontrar la alegría, la paz y la libertad de las que tanto han oído hablar. Les dejo una Palabra de aliento: "Venid a mí todos los que estáis trabajados y cargados, y yo os haré descansar" (Mateo 11:28).

CONTENIDO

Contents

NOTA *de la* AUTORA

ES MI ESPERANZA que este libro sea el catalizador de muchos debates entre mujeres, ya sea por teléfono, con un café de por medio, en el parque o en pequeños grupos. También es mi esperanza que a través de estas conversaciones las mujeres comiencen a abrirse acerca de las formas en que se esfuerzan por cumplir con todas las exigencias que el mundo les impone, y que aumenten su discernimiento no sólo de las demandas que se imponen sobre sí mismas, sino también de su propio sentimiento de aprobación cuando completan todas las tareas de su lista.

Con todo esto en mente, levanto una oración sincera para que las mujeres podamos redescubrir la profunda gracia que nos pertenece a través de las buenas nuevas: que somos perdonadas, amadas y contadas como perfectas.

Para ayudar a facilitar los debates, he incluido preguntas al final de cada capítulo. Siéntase libre de utilizar estas preguntas de la forma en que más le agrade. Por ejemplo, es posible que quiera analizarlas antes de leer el capítulo para tener una idea del tema al que irá dirigido cada capítulo; o puede que quiera esperar hasta el final y luego volver a revisar el capítulo para subrayar y reflexionar sobre los puntos importantes. O por el contrario, puede ignorar cualquiera de las opciones por completo, si así lo desea.

La pregunta final de cada capítulo le pide que haga un resumen de lo que ha leído. Esto es algo que yo misma hago, porque me olvido muy fácilmente de lo que leo, y luego, dos años más tarde, me pregunto de qué se trataba el libro... o si en realidad lo leí alguna vez. Una vez más, haga esto si lo desea y si le resulta útil, pero que no le resulte una carga. Disfrútelo.

INTRODUCCIÓN

VOCES *que* CLAMAN *en el* DESIERTO

ME DUELE EL CORAZÓN por todas las mujeres cansadas que necesitan desesperadamente escuchar buenas noticias. Me duele el corazón porque yo misma he hablado personalmente con incontables mujeres que están cargadas y cansadas, y al borde de renunciar a aquello que se ha hecho pasar por cristianismo, o están completamente desbordadas intentando mantenerse al día con demandas imposibles de cumplir. He llorado con mujeres que se sorprenden al escuchar acerca de la libertad y la gracia del mensaje del evangelio, mujeres a las que les cuesta creer, que no pueden salir de la idea de que Dios está enojado con ellas.

He visto a mujeres suspirar de alivio cuando les aseguro que Dios no puede sentirse decepcionado con ellas porque la decepción es un subproducto de las expectativas no cumplidas, y Dios no tiene ninguna expectativa puesta en ellas. He tenido amigas que se han hecho cortes, se han quemado o han pasado hambre porque ya no pueden soportar el dolor de su fracaso, y simplemente no tienen la fe suficiente para seguir tratando de ser lo suficientemente buenas. ¿Les dolió apagar un cigarrillo en su propia piel? Por supuesto que sí, pero eso no fue nada comparado con el dolor que sintieron en el alma por no poder cumplir con sus objetivos una vez más.

Tuve otras amigas que no hicieron cosas tan drásticas, pero sufrieron en silencio durante años, abrumadas por las cargas y las expectativas que nunca podrían llegar a alcanzar.

He llorado con mujeres que han pasado toda su vida adorando a su familia, y finalmente perdieron a su esposo a causa de la pornografía o por adulterio, y a sus hijos por rebelión o ateísmo. Estas cosas están sucediendo a nuestro alrededor. Están sucediendo en nuestras iglesias; están sucediendo en la vida de las mujeres que vemos los domingos. Puede que estén sucediendo en su propia vida también. Tal vez lo que más desea es creer que Dios realmente la ama, pero le parece que eso no puede ser real. Quizás usted ha sido cristiana durante veinte años, pero lo único que escucha son reglas, no buenas noticias.

Tengo una hija, dos nueras y dos nietas, y si hay algo que quiero que sepan, es lo siguiente:

Hay buenas noticias para ustedes. No es necesario que aprendan pasos secretos, que se esfuercen cada vez más, que se desgasten intentando ser más bellas, que estén con el esposo perfecto o que críen hijos perfectos. Ya son bienvenidas, amadas, perdonadas, y están completamente bien así como son. Pueden reír, descansar y resistir todas las formas en que el mundo les miente cuando afirma que no son suficientemente buenas; y pueden amar a Dios porque Él las amó primero. Pueden ser libres de fallar, de descansar, de amar, de ser débiles, de crecer, y de saber que todo ya les ha sido entregado en Él.

He observado a niñas a las que se les enseña que su valor radica en su ternura, en su capacidad de ser princesas, en estar rodeadas de otras niñas correctas; y mi corazón se llena de dolor, porque nadie puede mantener la condición de princesa toda la vida. Y he llorado por otras niñas cuyas madres no les compran vestidos para ir a la escuela, cuyos dientes no siempre están relucientes, que prefieren cavar en la tierra en vez de jugar con muñecas, que son rechazadas y objeto de burlas, porque me pregunto si sus vidas estarán marcadas por el amor y la aceptación o si siempre sentirán que no encajan con los demás.

He observado a jóvenes adolescentes que se definen únicamente por sus amigos, por su apariencia y por cuánto valen delante de los muchachos, y mi temor es que se humillen a sí mismas con tal de ganarse el favor de alguno de ellos… y que finalmente descubran que eso no es amor. También he visto niñas torpes que se esconden detrás de la comida, las drogas, o que dañan su cuerpo y terminan descubriendo que si buscan la aprobación humana, el vacío nunca termina.

He hablado con mujeres que están completamente destrozadas porque sus hijas, esas niñas que educaron o con las que cantaban y aprendían versículos bíblicos y que deberían ser sensatas, ahora viven con sus novios o sus novias lesbianas, y estas mujeres se preguntan por qué Dios no está cumpliendo su parte del trato.

Y he compartido café y lágrimas con amigas queridas que admiten que nunca se sienten suficientes y que esperan que alguien las haga mejores por arte de magia.

¿Por qué escribí este libro? Porque amo a las mujeres y amo a Jesús, y como buena amiga de ambos, quiero que se conozcan entre sí. Tal vez ya se han visto antes, pero estoy segura de que si pasan más tiempo juntos, todo va a cambiar.

La publicación de Facebook que desencadenó todo

A principios del otoño de 2013 publiqué lo siguiente en mi página de Facebook:

> Bueno, amigas... necesito su ayuda. Me gustaría saber cuáles son las cosas más insólitas que la gente les dice a las mujeres que tienen que hacer para ser mujeres piadosas. Listas... ¡Ya!

Pensé que obtendría algunas respuestas, pero lo que sucedió durante las siguientes veinticuatro horas fue alucinante, y francamente bastante preocupante. Cerca de veinte mil mujeres leyeron el post, y casi quinientas respondieron. ¡Y eso ocurrió en sólo veinticuatro horas! Yo sabía que las mujeres se sentían cargadas y cansadas a causa de las listas de tareas pendientes, los pasos sugeridos para mejorar y los malos consejos, pero no tenía idea de cuánta frustración, ira, angustia y desesperación se estaba cociendo por debajo de la superficie de tantos corazones.

Yo ya sabía que las mujeres se sienten agotadas, porque he tenido la oportunidad de hablar con cientos de ellas al haber viajado por todo el país predicando en iglesias y conferencias de mujeres durante la última década más o menos. Y permítame aclarar algo: mi experiencia con mujeres cansadas no ha sido principalmente con mujeres que aún no han recibido el mensaje de fe. Por el contrario, ha sido con mujeres que se identifican como cristianas, que asisten regularmente a la iglesia, que coinciden en que Jesús es la verdad y que la verdad se supone que debería hacerlas libres.

Y las iglesias donde conocí a estas mujeres no son lo que podríamos llamar las iglesias que transmiten el típico mensaje:

"siéntase bien ahora." Por el contrario, son iglesias donde se enseña la Palabra de Dios y donde se alienta a las mujeres a aceptar seriamente el llamado del discipulado. Hablé con mujeres serias, mujeres que estaban convencidas de que su fe en Cristo era lo más importante para ellas; y sin embargo allí estaban, confesándome entre lágrimas que se estaban ahogando en las listas de tareas pendientes y que anhelaban recibir alguna buena noticia.

Basándome en las respuestas que obtuve de las mujeres que conocí en persona en las conferencias, de las que respondieron a mi pregunta en Facebook, y de las que formaron parte de los grupos de enfoque, sé que existe un gemido innegable entre las mujeres que se encuentran en lo que podríamos denominar el evangelicalismo americano moderno. Yo misma lo viví en carne propia, ya que luché durante años con el afán de intentar ser una excelente madre, una buena esposa y una amiga fiel, mientras a la vez dedicaba horas en el gimnasio e insistía en que todas las demás vivieran una vida que cumpliera con todo lo que yo pensaba que eran las expectativas de Dios. Yo llevaba una carga de responsabilidad por el éxito de los demás… aunque todo el tiempo supe que estaba equivocada. Sin embargo, me sorprendió la tremenda ira y desesperación que mi pregunta desencadenó. Las respuestas confirmaron algo que había sospechado durante mucho tiempo: el paisaje en el que las mujeres evangélicas vivimos se caracteriza por un desierto absoluto lleno de sangre, sudor y lágrimas de miles de mujeres trabajadoras y cansadas… y también de los pellejos de la fe que algunas de ellas han soltado a la vez que se han entregado a la desesperación y al agotamiento.

Hemos perdido el rumbo. Nos hemos enfocado en asuntos menores y no hemos podido llenar los corazones de las mujeres con la buena noticia única que las hará realmente libres.

Malos consejos QUE RECIBEN LAS MUJERES

¿Cuáles son las cosas más insólitas que les dicen a las mujeres que tienen que hacer para ser más piadosas?

(Estas son las respuestas reales que obtuve a la pregunta que publiqué en Facebook.)

- Decora tu casa como muestran las revistas.
- Cocina sólo comida orgánica saludable para tu familia.
- No trabajes fuera del hogar para conseguir dinero.
- No seas líder, y no plantees ideas para el ministerio. Si se te ocurre alguna idea, haz parecer que se le ocurrió a tu esposo.
- Sométete siempre.
- Ten presente Proverbios 31 todos los días.
- Ten tu hogar bien organizado, limpio e "inspirado en Pinterest." Si Jesús llama a tu puerta, querrás que se sienta satisfecho con lo que vea.
- Las mujeres pueden "compartir" o dar un pequeño saludo en la iglesia, pero no deben hacerlo desde el púlpito, solamente fuera de la plataforma y detrás de un podio o atril.

La fuente de las malas noticias

Entonces, ¿de dónde reciben las mujeres estos malos consejos que desarman sus corazones y nublan su alegría? De cualquier dirección en la que miremos. Aunque no lo crea, los recibimos en la iglesia, pero también los recibimos en la fila mientras realizamos las compras en el supermercado. Lo único que tenemos que hacer es observar mientras buscamos nuestra tarjeta de débito, y veremos titulares que funcionan para destruir nuestra esperanza:

- Debes ser una perfecta ama de casa, esposa y madre. Todo el tiempo.
- Debes dominar el arte de la cocina, la costura, la decoración del hogar, la jardinería, el reciclado, el tejido, el crochet, y preparar exquisitas tortas.
- Debes estar a entera disposición sexual de tu esposo y disfrutar de cada encuentro íntimo.
- Debes asegurarte de que tus hijos obedezcan siempre.
- Debes participar en todas las actividades de la iglesia.
- Debes hacer, hacer y seguir haciendo… ¡todo el tiempo!

LAS *buenas noticias*

Sabiendo que el hombre no es justificado por las obras de la ley, sino por la fe de Jesucristo, nosotros también hemos creído en Jesucristo, para ser justificados por la fe de Cristo y no por las obras de la ley, por cuanto por las obras de la ley nadie será justificado.
GÁLATAS 2:16

- ¡Zumba para conseguir abdominales de acero!
- ¡Aprende los secretos místicos del mejor sexo para que él nunca se aleje!
- ¡36 Recetas para llenar la panza con un presupuesto de mendigo!
- ¡Salve el Planeta (o a las ballenas, o a los casquetes polares, o a los cachorros abandonados, o...)!
- ¡Siete maneras para garantizar un ascenso!

Las malas noticias se cuelan cuando sentimos la presión de unirnos a una organización no lucrativa de alguna celebridad o de firmar alguna petición cuando salimos de una tienda... suponiendo, por supuesto, que ya hicimos una donación a alguna organización benéfica que vendía barras de chocolate en el camino (que, por cierto, ¡nunca debemos comerlas!) para que podamos sentir que formamos parte de una causa mientras guardamos las provisiones en el baúl de nuestra camioneta sensible al medio ambiente, que deja sólo una pequeña huella de carbono en el planeta.

Vemos las noticias locales, y el presentador de las noticias (también conocido como la niñera de las noticias) nos regaña porque les damos a nuestros hijos azúcar, cafeína o grasas, o porque los dejamos jugar con los videojuegos más de treinta y dos minutos por día.

Leemos libros de ficción que retratan la historia de mujeres débiles cuyas ideas teológicas fueron obtenidas durante dos vacaciones de verano en las que aprendieron a ser como Ester o como Rut en la escuela bíblica, y que no pueden seguir viviendo si no están con Don Perfecto (que resulta ser Amish). O aún más triste, leemos novelas "románticas" que retratan que nuestra condición de mujer se define por nuestra sexualidad y por nuestra capacidad de alcanzar el orgasmo la primera vez, y todas las veces, con Don Perfecto.

Cuando leemos libros "cristianos" que no son de ficción, tenemos tendencia a leer títulos que no son otra cosa que listas de tareas, pasos sugeridos y malos consejos modernos impulsados por el mundo, bautizados por algunos versículos bíblicos fuera de contexto. Se nos advierte que nuestros hijos deben comportarse en la iglesia, usar ropa bien combinada y cerrar los ojos cuando oran, y que somos responsables de construir su autoestima, incluso (o quizás especialmente) cuando fallan. Se nos exhorta que el bienestar espiritual de nuestros hijos (junto con su bienestar físico y emocional) depende de nuestra capacidad de alimentarlos con comidas orgánicas caseras, coser toda su ropa, tener una sala de estar de revista, hacer manualidades inspiradas en Pinterest para cada Navidad, y publicar imágenes tiernas de nuestra familia feliz en línea. Debemos atenernos a un presupuesto estricto, rechazar una carrera universitaria, nunca disentir de nuestros esposos ni levantar la voz en señal de frustración, y religiosamente untar a nuestros niños con protector solar SPF 70 sin parabenos y ponerles anteojos de sol con protección UV antes de que salgan de casa, incluso si vivimos en Alaska y es pleno invierno. En una frase: estamos agotadas.

Se nos dice que la capacidad de nuestro esposo de ser líder depende de nuestra capacidad de crear un vacío espiritual en la relación con la idea de que eso finalmente lo obligue a desempeñar su papel como cabeza del hogar. Si no somos capaces de someternos correctamente, él nunca experimentará el respeto y la libertad salvaje avivada por la testosterona que requiere su masculinidad. Tenemos que ser la mujer de Proverbios 31 los 365 días del año, o de lo contrario todo estará perdido. En otras palabras, el éxito de nuestro esposo como hombre de Dios depende totalmente de si logramos con éxito ser mujeres "piadosas", como si el éxito fuera una creación cristiana o como si nuestra santificación dependiera de cualquier otra cosa que no sea Cristo.

Y eso sin mencionar nada acerca de una de las principales fuentes de culpabilidad, vergüenza, y ley en la vida de una mujer: su cuerpo. No tenemos solamente la presión de que no deberíamos parecer una mujer de mediana edad y un poco regordeta que intenta ocultar sus rollitos debajo de tres capas de fajas. Se supone que debemos vernos como una supermodelo triatleta de Nike que se ha aumentado el tamaño del busto y pasa seis horas al día en el gimnasio, a pesar de que dio a luz a cinco hijos, los amamantó a todos hasta que sus pechos se posaron sobre sus rodillas, y se quedó toda la noche acunando al más pequeño, que no dejaba de llorar.

Y por supuesto, está la diosa del ejercicio, a la que debemos ofrecerle frascos de sudor cada día o de lo contrario nos sentimos tan culpables que les ladramos a nuestras familias y nos olvidamos de nuestra identidad como hijas del Rey, y en cambio nos sentimos como la criatura más fea del mundo. Estamos llenas de culpabilidad, agotadas y aterradas de que la mujer triatleta quiera quitarnos a nuestro sofocado hombre salvaje de corazón.

Se nos dice que es nuestra responsabilidad asegurarnos de que la casa esté libre de bacterias y virus, que el perro que rescatamos de la calle coma alimentos libres de gluten, y que nuestros hijos estén bien educados, limpios, cepillados, planchados, vacunados (o no, dependiendo de nuestra visión acerca de la medicina naturista), y debidamente prolijos. Tenemos que asegurarnos de que nuestros esposos estén completamente satisfechos en todos los niveles, que la iglesia esté bien atendida, que el barrio sea evangelizado, y que el mundo haya recibido las oraciones necesarias. En otras palabras, se nos ha dicho y creemos (al menos en parte) que el éxito de todo lo que se encuentra dentro de nuestra esfera de influencia recae sobre nuestros hombros, y que será mejor que resolvamos todo antes de que sea demasiado tarde.

Y estamos cansadas.

Este tipo de agotamiento me recuerda la escena de la película de Steven Spielberg de 1982, *Poltergeist*, en la que la madre, interpretada por JoBeth Williams, se está ahogando en una piscina sin terminar y llena de agua de lluvia, barro y esqueletos.[1] Cuanto más lucha por salir de la piscina, más se derrumba y aumenta su terror.

Yo sé que las mujeres (y los hombres) se han visto abrumadas por las listas de tareas, los pasos y los malos consejos desde el principio del tiempo. Incluso hace quinientos años, Martín Lutero no necesitaba leer los mensajes de sus amigos de Facebook en los que veía que se divertían sin él para darse cuenta de que había algo deficiente en su vida. Él era consciente de la incapacidad de obedecer la ley de Dios desde el corazón, y sabía que no contaba con su propia autoaprobación, y mucho menos con la aprobación de Dios. Pero creo que hay algo un poco más desesperado, más frenético, acerca de nuestro desierto presente. Recibimos demasiados mensajes desde todas las direcciones acerca de "Cómo ser perfecta en 149 simples pasos" o "Cómo se convertirá su vida en una terrible batalla si no sigue estas reglas."

Como una mujer que ama a Cristo, el evangelio, a su familia, su iglesia y su país, me pongo de pie para gritar: "¡Basta de esta locura! ¡Basta de menudencias, de actividades innecesarias y agobiantes, y de la autojustificación que sólo genera desesperación y ansiedad! Es tiempo de confiar en Cristo, ¡y solamente en Cristo! Él ya lo ha hecho todo. Todo lo que necesita ya le ha sido dado." O con las palabras del escritor a los Hebreos: "Porque el que ha entrado en su reposo, también ha reposado de sus obras, como Dios de las suyas. Procuremos, pues, entrar en aquel reposo" (Hebreos 4:10-11).

Hermana mía, la Biblia tiene sorprendentes buenas nuevas para usted. Puede alegrarse y descansar en todo lo que Jesús ha hecho. Es mi esperanza que al finalizar este libro, usted pueda dar un gran suspiro de alivio y expresar: "Menos mal. Él realmente me ama, y eso es todo lo que importa." Así es, Él realmente va a cumplir su promesa: "Venid a mí todos los que estáis trabajados y cargados, y *yo os haré descansar*" (Mateo 11:28, énfasis añadido).

CAPÍTULO 1

¿CÓMO TERMINAMOS AQUÍ?

ENTONCES, ¿CÓMO TERMINAMOS AQUÍ, con tantas listas de tareas, tantos pasos, y este exceso de malos consejos? ¿Cómo es que las mujeres se sienten tan agotadas y están cargadas de tanta desesperación? ¿Cómo es que muchas de nosotras caímos en la creencia de que todo depende de nosotras y que tenemos que hacer todo bien, o si no todo saldrá mal?

Como mujer que ha asistido a la iglesia casi todos los domingos desde el verano de 1971, cuando llegué al camino de la fe por primera vez a los veinte años, creo que gran parte de esta mala información proviene de la comunidad cristiana y de la iglesia misma. Digo esto con temor y gran tristeza, por eso permítame explicarme mejor. Pero en primer lugar, quiero dejar algo claro: la iglesia no ha sido la única fuente de malos consejos que he recibido. Gran parte de la información distorsionada viene del mundo en general, y gran parte proviene sencillamente de mi propio corazón. Hablaremos sobre esto más adelante, así que por ahora volvamos al tema de cómo la iglesia ha cambiado y ha contribuido a la carga que nos está destruyendo como mujeres y que da como resultado que estemos agotadas.

He escuchado innumerables mensajes acerca de que tengo que ser mejor, esforzarme más y nunca estar satisfecha hasta que "lo bueno sea mejor, y lo mejor sea excelente." Tengo que reconocer que ha sido difícil para mí tener la esperanza de que alguna vez podría llegar a ser una mujer "de Dios" y vivir mi vida de manera que bendijera a los demás y le diera la gloria a Dios. En realidad voy a expresarlo de otro modo. Ha sido *imposible* para mí tener la esperanza de que pudiera hacerlo todo y ser todo lo que las mujeres (y los hombres) me dijeran que debería ser cuando se empeñaban en mostrarme la ley pero sin aliviar los temores de mi alma a través del evangelio.

Tengo un par de minutos libres...

Eso no quiere decir que no intenté seguir todas las reglas de la feminidad cristiana. Recuerdo una tarde, hace unos treinta años, cuando me di cuenta de que mi esperanza de satisfacer las expectativas de todos me estaba volviendo loca (y también a todos los que estaban a mi alrededor). Aparte de ocuparme de nuestra joven familia, compuesta por mi esposo y yo, nuestros tres hijos pequeños, un perro y algunos pollitos ruidosos, también enseñaba a tiempo completo en la escuela cristiana asociada con nuestra iglesia, era diaconisa, cantaba en el coro, iba a la iglesia por lo menos tres veces a la semana (más aún si había un "avivamiento") y, en general trabajaba muchísimo y terminaba con un agotamiento excesivo todos los días. Decir que estaba irritable y cansada sería un eufemismo.

Aquella tarde en particular, cuando me di cuenta de que en realidad tenía algunas horas de sobra, decidí hacer un chaleco nuevo para el uniforme de la escuela de nuestra hija Jessica. En medio del apuro de intentar coser y cortar la tela, miré a mi esposo, Phil, y bromeé: "Debo de tener algo de culpa por estar todo el día trabajando tanto." Los dos nos reímos y asentimos en que yo no tenía remedio, pero estaba más en lo correcto de lo que en realidad creía en ese momento. Porque a pesar de que era cristiana y creía que Jesús había muerto por mis pecados, no entendía qué quería decir eso con respecto a mi culpabilidad. No sabía que estaba justificada, o incluso qué quería decir la palabra justificación. Así que trabajé, y trabajé, y me sentí esclavizada durante décadas, tratando de demostrar que no era la perdedora perezosa e inservible que solía ser (aunque en secreto temía que todavía lo fuera). Nunca fui muy feliz, y toda la gente que me rodeaba lo sabía. Mi infelicidad se demostraba con frecuencia tras mi autocomplacencia (por lo general, comía en exceso) y detrás de mi enojo hacia cualquier otra persona que no trabajara tan duro como yo.

No culpo del todo a la iglesia de la cual formaba parte en aquel tiempo de mi ignorancia acerca de las buenas noticias, aunque la verdad es que no recuerdo haber escuchado hablar acerca de eso. Lo que siempre escuchaba, por el contrario, consistía en un flujo constante de mensajes acerca de que tenía que hacer más cosas, esforzarme y tomar muy en serio el trabajo dentro de la iglesia y para ella. Tenía que deshacerme del pecado en mi vida para poder ser una cristiana victoriosa y "entrar y poseer la tierra" (sin tener idea de lo que eso quería decir).

Pero mi problema no tenía que ver solamente con lo que escuchaba (o no escuchaba) en la iglesia; también tenía que ver con los mensajes que escuchaba en la comunidad cristiana en general. Leía un montón de libros que trataban el tema: cómo ser una mujer "piadosa", pero esos mensajes sólo multiplicaban mi culpabilidad y quebrantaban mi alma. Sabía que yo era un verdadero desastre y que tenía que aprender a ser una mejor esposa y madre, y esa letanía de reglas parecía ser exactamente lo que necesitaba; pero era como el delicioso dulce "delicia turca" que la Bruja Blanca le dio a Edmund en *El león, la bruja y el armario*: tenía un delicioso sabor al principio, pero no satisfacía mi hambre y siempre me quedaba con ganas de más.

En vez de transmitirme la libertad de amar y servir a Cristo y a mi familia, todos esos "buenos consejos" me cargaban de culpabilidad y vergüenza por mi pecado constante y amontonaban sobre mí cada vez más reglas tediosas. Justo lo que estaba consumiendo como antídoto para mi fracaso me estaba poniendo cada vez más enferma. En lugar de sentir libertad, era una esclava de la autojustificación; y a juzgar por lo que he escuchado de otras mujeres, no creo que haya sido la única que haya ingerido ese brebaje venenoso.

Feminismo: El Bueno, el Feo y el Malo

A partir del siglo XIX en los Estados Unidos, las mujeres intentaron obtener los mismos derechos que los hombres en distintas áreas, incluidas el hogar, el lugar de trabajo, la iglesia, y los puestos de gobierno. En la década de 1800 se aprobaron leyes que finalmente permitieron que las mujeres pudieran ser dueñas de sus propios bienes, incluso si estaban casadas. Es difícil de creer ahora, pero hubo una época en que las mujeres no podían heredar bienes o demandar una propiedad, y en caso de no tener esposo tenían que depender de su padre u otro pariente masculino, o de lo contrario las destituían de toda posesión. En 1919 la Decimonovena Enmienda a la Constitución por fin les otorgó a las mujeres el derecho al voto en los Estados Unidos.

La búsqueda de la igualdad de derechos no terminó con el derecho al voto; las mujeres han estado luchando por la igualdad de derechos ante la ley desde entonces. Gran parte de este esfuerzo se ha traducido en un gran bien, como el hecho de darle a la mujer el derecho a ocupar cargos públicos, realizar acuerdos legales, obtener una educación y recibir un salario igualitario por su trabajo. Algunos de los derechos, como la ley del aborto a petición de la mujer, han dado como resultado un mal muy terrible y desgarrador.

En la década de 1970 y a medida que fue creciendo el clamor por la igualdad, a veces equivocado, la iglesia comenzó a responder ante lo que se consideró como la amenaza del feminismo. La iglesia evangélica enfocó su respuesta en tres áreas clave: definir el rol del hombre y de la mujer en el hogar y en la iglesia, tomar una posición en contra del aborto (que fue legalizado en 1973), y oponerse a la Enmienda de Igualdad de Derechos. Pero no fue hasta 1979, con el lanzamiento del libro y serie de películas de Francis Schaeffer y C. Everett Koop, ¿Qué le *pasó a la raza humana?* cuando la iglesia evangélica comenzó a despertar y responder a los horrores del aborto y luego, por extensión, al movimiento feminista en los Estados Unidos.[2]

Al mismo tiempo, con la ordenación de mujeres en las denominaciones más liberales, la gente comenzó a hacer preguntas acerca de la igualdad de las mujeres en posiciones de liderazgo que anteriormente eran dominadas por los hombres en la iglesia. Así que las iglesias comenzaron a formular respuestas, establecer pautas, escribir literatura y desarrollar conferencias para definir y explicar los roles de género. Por lo tanto, los movimientos de "masculinidad bíblica" y "feminidad bíblica" nacieron en la década de 1980, alcanzando su punto máximo de

Malos consejos QUE RECIBEN LAS MUJERES

¿Cuáles son las cosas más insólitas que les dicen a las mujeres que tienen que hacer para ser piadosas?

(Estas son respuestas reales a la pregunta que publiqué en Facebook.

- No leas la Biblia ni ores con tus hijos para no usurpar el lugar de liderazgo de tu esposo.
- Para poder tener un "espíritu suave y apacible", literalmente tienes que ser suave y apacible.
- Debes ser una madre que no trabaje fuera de casa.
- Debes ser María *y* Marta a la vez.
- Debes casarte y tener hijos.
- Debes tener *muchos* hijos.
- Debes estar espléndida a las seis de la mañana.
- Aprende a limpiar tu casa y a cocinar.
- No seas demasiado inteligente para no intimidar a los hombres.

saturación en la cultura de la iglesia evangélica a comienzos de la década de 2000.

En términos generales, la masculinidad y la feminidad bíblicas se pueden definir como el reconocimiento de que tanto los hombres como las mujeres son igualmente creados a imagen de Dios, pero también tienen roles masculinos y femeninos distintos como parte del orden establecido por Dios. Esos roles se expresan muy bien en la relación entre Cristo y su novia: la Iglesia.[3]

- Si estás bien con Dios, encontrarás a tu futuro esposo.
- Debes ser una mujer como la de Proverbios 31: dedícate a tu esposo y a tus hijos, dedícate a la casa, procura que tu esposo luzca bien, debes ser habilidosa con las artes y artesanías, ganar dinero para añadir a los ingresos familiares, y lucir bella todo el tiempo.
- Debes ser perfectamente femenina.
- No seas ambiciosa.
- Lee el libro cristiano más actual acerca de cómo ser una buena esposa cristiana.
- Considera el matrimonio y la maternidad como tu llamado más importante.

LAS *buenas noticias*

Porque el fin de la ley es Cristo, para justicia a todo aquel que cree.

ROMANOS 10:4

Gran parte del material producido por el movimiento de masculinidad y feminidad bíblica le ha hecho un gran bien a mucha gente. Por un lado, ha hecho hincapié en la importancia del matrimonio y del compromiso con la familia. Gracias en parte al divorcio "sin culpa" (que comenzó en 1969 en California y se esparció a casi todos los estados de la unión en 1983), la cultura estadounidense comenzó a experimentar la ruptura del hogar tradicional.

Al menos la mitad de toda una generación de niños fue criada en hogares de padres solteros donde no tuvieron como ejemplo los roles tradicionales de género. Además, muchos niños (incluida yo) se estaban criando a sí mismos, mientras que sus padres (o padre) trabajaban.

Personalmente, yo no tenía ni idea de lo que significaba ser definida como mujer según la comprensión bíblica. Nunca había visto cómo un líder siervo amoroso cuidaría y mantendría a su familia. Nunca había visto a mi madre como el apoyo fiel de su esposo. Lo que había experimentado había sido una madre que trabajaba al menos en un empleo a tiempo completo y que trataba de mantenernos a mi hermano y a mí con todas sus fuerzas. Nunca supe lo que significaba estar en familia, trabajar juntos hacia un objetivo en común, ni vivir intencionalmente como la persona que había sido creada para ser. Por ese motivo, cuando me casé tuve que aprender un montón de cosas.

Permítame decirlo de nuevo: estoy muy agradecida por muchos de los valores y gran parte del material producido por los líderes de este movimiento. También estoy agradecida por la valiente posición que ellos han adoptado contra las grandes fuerzas anticristianas y en contra de la familia de nuestra cultura, por su amor por las mujeres, los hombres y las familias, y por su amor por la Palabra y la iglesia.

Pero como con cualquier movimiento que adquiere audiencia e influencia, el movimiento de los roles de género también ha producido desafortunados malentendidos y excesos. Debido a una interpretación equivocada de las enseñanzas bíblicas, se han producido algunos materiales que no son buenos para las mujeres. Las listas de tareas, los pasos y los malos consejos se han multiplicado, y muchas mujeres se sienten agotadas y derrumbadas por lo que se les impone que tienen o no tienen que hacer en nombre de la feminidad bíblica. En esencia, se nos dice que tenemos que hacer más, ser perfectas, y desempeñarnos mejor para ser aceptables a los ojos de Dios.

Si se pregunta qué forma pueden tomar algunos de estos pasos, listas y malos consejos, puede echar un vistazo a los comentarios al margen que aparecen a lo largo del libro, que son sólo unos cuantos ejemplos de los cientos de respuestas que recibí de las mujeres que han sido afectadas por esta falta de comprensión de lo que enseña la Biblia acerca de los hombres y las mujeres.

La verdad es que tanto el feminismo radical (las mentiras que se les dice a las mujeres en nombre de la igualdad) como el feminismo cristiano radical (las mentiras que se les dice a las mujeres en nombre del cristianismo) han dañado a mujeres y niños. Pero mientras que los cristianos se han apresurado a participar en conversaciones sobre las repercusiones del feminismo equivocado, no ha habido mucho reconocimiento acerca de la forma en que las mujeres se ven perjudicadas cuando reciben reglas a la fuerza que van más allá de la Escritura y que son agregadas a la Escritura, reglas que son producto de una cultura en particular más que del evangelio.

Por ejemplo, algunas personas han tomado el mandamiento en Efesios 5:33 que afirma que una esposa debe respetar a su esposo en el sentido de que la masculinidad y el liderazgo de un hombre dependen exclusivamente de la capacidad de su esposa de ser femenina. Algunos han malinterpretado Tito 2:4-5 en el sentido de que la vida cristiana y el éxito de un niño dependen totalmente de su madre: de su bondad, de su consistencia y de la planificación de comidas saludables diarias. Y en base a una interpretación equivocada de 1 Timoteo 5:9-14, a las mujeres solteras se les ha dicho que no tienen ningún valor si no tienen una relación con un hombre. Esto es simplemente ridículo.[4]

La mujer de Proverbios 31

Con el fin de formular una respuesta bíblica a los roles de género difusos desarrollados por el feminismo, los cristianos hicieron lo que debían hacer: buscaron en la Biblia para analizar qué roles establece la Biblia para las mujeres. En esa búsqueda tomaron como modelo varios pasajes para determinar el rol de una mujer, sobre todo entre ellos: Proverbios 31, Efesios 5, Tito 2, y 1 Pedro 3. No fue un mal lugar para comenzar, pero los principios con frecuencia se sacaron del contexto más amplio de la Escritura.

El doctor Jerram Barr, profesor y erudito de Francis Schaeffer, manifiesta que este enfoque tan estrecho sobre los roles de la mujer ha causado un daño significativo, y que llevó a la comunidad cristiana a ver a las mujeres "*completamente con los ojos de los hombres que reaccionan al* énfasis feminista concentrando toda su deliberación en esos cuatro pasajes."[5] Y continúa: "No estoy diciendo que esos pasajes se deban ignorar o dejar de lado, porque por supuesto que son importantes, pero el hecho de comenzar y terminar con ellos ha dado lugar a *graves conceptos equivocados.*"[6]

¿Cree que tal vez estoy exagerando el problema? Le aseguro que no. Se ha escrito acerca de la mujer de Proverbios 31 en más de veinte libros en tan sólo la última década, desde libros de actividades a libros guía con instrucciones para convertirse en una mujer virtuosa en treinta y un días (con calendarios incluidos). Y en la última década se han escrito cerca de diez libros acerca de cómo convertirse en una mujer como la que dice Tito 2.[7]

Muchas mujeres observan estas descripciones de la mujer ideal y piensan: *No hay manera de que pueda llegar a lograr eso, no hay forma en que pueda encajar en ese molde.* No las culpo. Otras mujeres trabajan hasta el agotamiento con la esperanza de que en algún momento futuro sus hijos se levanten y las llamen bienaventurada. La cantidad de sermones que se predican acerca de Proverbios 31 y Tito 2 en el Día de la Madre es suficiente para tentar a las mujeres a quedarse en casa, sin querer escuchar de nuevo las formas en que están fallando.

Por supuesto, la iglesia no es el único lugar donde las mujeres están recibiendo una avalancha de listas de tareas, pasos y malos consejos; pero debido a que el mensaje de la iglesia tiene más peso sobre las mujeres cristianas que otras fuentes, es particularmente destructivo. Las mujeres cristianas queremos agradar al Señor, queremos vivir de una manera que afecte positivamente a nuestros hijos. La gran mayoría tomamos muy en serio el deseo de brillar en nuestra parte del mundo oscuro, y por eso cuando la iglesia habla, nosotras escuchamos.

El problema surge cuando las mujeres (y los hombres) no han aprendido a diferenciar entre la ley y el evangelio, cuando no entendemos que las buenas noticias de la vida perfecta, la muerte, la resurrección, la ascensión y el reinado de Jesús tienen el propósito de impactar nuestra propia vida. Cuando no vemos la conexión entre la vida justa que Jesús vivió y nuestra posición delante de un Dios santo, nosotras mismas nos estamos preparando para la esclavitud. Muchas mujeres no entienden la libertad que ha sido comprada para nosotras, y a menudo se enredan en el legalismo o el moralismo. No sabemos cómo se vería que la obediencia esté motivada por la gratitud.

Un ministerio de muerte

Pablo describió la ley como "el ministerio de muerte grabado con letras en piedras" que "fue con gloria, tanto que los hijos de Israel no pudieron fijar la vista en el rostro de Moisés a causa de la gloria de su rostro" (2 Corintios 3:7). Incluso la ley en su forma más pura sólo puede lograr lo que siempre cumplirá la ley por sí misma: siempre producirá muerte.

Amigas queridas, si incluso la ley de Dios, escrita directamente por su propia mano y llena de tanta gloria que transfiguró el rostro de Moisés, es un "ministerio de muerte" para aquellos que tratan de cumplirla, entonces estas listas de tareas, pasos y consejos absurdos no producirán el fruto que estamos esperando. No edificarán ni protegerán a la familia o al pueblo de Dios en el mundo. No glorificarán a Dios, ni lo harán sonreír. Sólo engendrarán orgullo, desesperación, agotamiento, ira, autocompasión, hipocresía, adicción a la introspección, e incluso el abandono de la fe.

Creo que hay instrucciones específicas en la Escritura con respecto a los roles de género, incluidas las de Génesis 2—3, Proverbios 31, Efesios 5, 1 Timoteo 2, Tito 2 y 1 Pedro 3. Creo que estas verdades siguen siendo válidas hoy día y que las ignoramos y nos producimos un gran daño; pero también creo que gran parte de lo que se les ha mostrado a las mujeres bajo el disfraz de "roles bíblicos de género" nos ha traído problemas al menos en dos formas. Ha ido mucho más allá de los límites de la Escritura, mientras que al mismo tiempo dejó a un lado una buena parte del mensaje de consuelo y esperanza que ofrece la Biblia. De esta manera, gran parte de esta enseñanza se asemeja a la descripción que hace Jesús de los fariseos, ya que reúne cargas innecesariamente pesadas y las coloca sobre los hombros de las mujeres (véase Mateo 23:4). Mientras tanto, los que enseñan estas cosas de manera efectiva bloquean "el reino de los cielos delante de los hombres" (versículo 13).

Cuando definimos los roles de género de una manera muy poco flexible, destacando un número limitado de textos e ignorando por completo la amplitud de la Escritura, cuando tratamos de hacer que la Escritura diga más de lo que realmente tiene escrito o le decimos a cualquier segmento de la población que sólo ciertas partes de la Escritura son las que les conciernen (ya sea que comuniquemos este mensaje intencionalmente o no), lo hacemos en detrimento de las mujeres y los hombres, y en detrimento de la iglesia y de su misión en el mundo.

Estas son sólo algunas de las cargas innecesarias que les hacen soportar a las mujeres con gran frecuencia. A las mujeres solteras se les hace sentir que son "menos que" otras mujeres; a las mujeres que tienen el don de seguir una carrera profesional se les hace sentir que la universidad o una carrera es una pérdida de tiempo y que estas mujeres se están resistiendo a "lo mejor de Dios" para ellas. Las mujeres cuyos intereses, dones y oportunidades no encajan en el molde de la vida suburbana posterior a la revolución industrial son desdeñadas por otras mujeres que han sido dotadas con esposos, úteros fructíferos e inclinaciones que retratan mejor lo que ha sido catalogado como la máxima expresión de piedad para una mujer: ser madre y ama de casa. Y a las madres amas de casa se les carga con presiones adicionales: no es suficiente que estén en casa, sino que también deben servir en cada comité, vivir en una casa perfectamente decorada (y siempre limpia), y tener hijos que se comportan adecuadamente.[8]

Jesús y las mujeres que amó

Es interesante notar que en ninguna parte de la Escritura Jesús hace algún tipo de escándalo con las mujeres acerca de adoptar lo que podríamos considerar roles femeninos; de hecho, Él reprendió a Marta por suponer que los estudios teológicos y la adoración a sus pies de María eran menos necesarios que la hospitalidad y preparar sándwiches (véase Lucas 10:41-42).

Jesús nunca castigó a las muchas mujeres que abandonaron sus hogares y lo siguieron, proveyéndole para sus necesidades físicas.

> "Aconteció después, que Jesús iba por todas las ciudades y aldeas, predicando y anunciando el evangelio del reino de Dios, y los doce con él, y algunas mujeres que habían sido sanadas de espíritus malos y de enfermedades: María, que se llamaba Magdalena, de la que habían salido siete demonios, Juana, mujer de Chuza intendente de Herodes, y Susana, y otras muchas que le servían de sus bienes". LUCAS 8:1-3

Observemos que Jesús no le dijo a María Magdalena que fuera a buscar un esposo, que se asentara y tuviera una familia, ni tampoco le dijo a Juana que su lugar estaba en casa con Chuza, moliendo trigo para preparar bocadillos saludables. Invitaba a las mujeres a que dejaran sus roles culturalmente definidos y lo siguieran, y les dio permiso para que lo sirvieran con sus bienes.

Pablo y las mujeres que amó

Pablo pasó tiempo viviendo en la casa de una mujer de negocios exitosa llamada Lidia, que fue la primera que se convirtió en Filipos (véase Hechos 16:11-14). También tuvo evidente respeto por la patrona diaconisa Febe, una mujer que entregó una de las cartas más importantes jamás escrita, la que Pablo le escribió a la iglesia en Roma.[9] Luego estaba Priscila, una fabricante de tiendas que junto con su esposo corrigieron la doctrina de Apolo (véase Hechos 18:26). La Escritura no indica que Pablo mantuviera ninguna conversación con cualquiera de estas mujeres acerca de que en realidad deberían estar en casa ordenando y teniendo más

Siento mucha presión para ser una esposa "piadosa" y una mamá "cristiana", y creo que hay una definición muy limitada acerca de lo que eso significa. La lista de cosas que tengo que hacer para completar esos llamados es muy larga (e imposible): tener una casa perfectamente decorada e inmaculada, hacer absolutamente toda la comida desde cero, alimentar a mi familia con tres comidas perfectamente balanceadas con una nutrición ideal, estudiar la Biblia todos los días, orar con frecuencia, nunca gritarles a mis hijos y brindarles oportunidades educativas enriquecedoras todos los días, ser moderada y ceñirme al presupuesto cada mes, hacer ejercicio frecuentemente, estar siempre hermosa, ser una madre divertida y a la vez excelente en cuanto a la disciplina y a la instrucción piadosas, buscar que mis hijos cumplan sus expectativas, mantener la chispa del romance y la intimidad física con mi esposo, discipular a otras mujeres de la iglesia, sentirme feliz y completa en el hogar pero también encontrar algo valioso que hacer en mi comunidad y en la iglesia para servir a otros, recibir a los demás en mi casa, ¡y la lista sigue! Escuché que para ser la mujer que Dios quiere que sea, debo dejar a un lado mi personalidad enérgica y ser callada y sumisa. Sin embargo, creo que Dios es mayor que estos pequeños moldes sobre lo que debemos ser las mujeres. Después de todo, ¡Él es quien me dio esta personalidad en primer lugar!

LA HISTORIA DE *una mujer*

hijos, o si estaban solteras, plantearles que debían estar poniéndose a disposición de los hombres solteros. Sin duda, si Lidia, Febe o Priscila hubieran estado equivocadas al estar lejos de la cocina y el dormitorio, alguien habría dicho algo al respecto, y tendríamos un registro de ello en la actualidad.

Es cierto que hay pasajes en la Escritura, especialmente en las epístolas de Pablo, acerca de los roles de las mujeres; pero es bíblicamente insostenible y destruye las almas el decirle a una mujer que la única actividad que vale la pena para ella es dar a luz a niños y servir a un esposo y a una familia. Este modo de pensar también crea un ídolo de la estructura familiar, haciendo que el éxito como ama de casa y madre sea la vocación más importante en la vida de una mujer. Y aunque este es un gran llamado, no debería estar por encima de nuestro primer y más importante llamado: creer en Cristo.

En respuesta a los males del feminismo radical, que avergonzaron a las mujeres que no trabajaban fuera del hogar, el movimiento del feminismo cristiano radical ha avergonzado a las mujeres cristianas que trabajan fuera del hogar (por diversas razones), o que no están casadas, o que se han divorciado. A muchas mujeres cristianas se les ha enseñado que la maternidad no es sólo su *llamado* más importante, sino que también es el único llamado al cual debieran aspirar. Se parece un poco al hombre borracho que cae de un lado de su caballo y se sube de nuevo a la silla de montar, sólo para caer hacia el otro lado.

Nuestro llamado más alto

La maternidad no es el único llamado de una mujer, ni es la vocación más importante, al igual que la paternidad no es el llamado más importante o el único que tiene el hombre. La Biblia nunca hace tal afirmación, y el avergonzar a las mujeres que desean trabajar fuera de casa (o tienen que hacerlo) es poco amable, poco prudente, y para nada bíblico. A pesar de que debería ser obvio que la mujer de Proverbios 31 no encaja en el molde de un ama de casa de los suburbios de la década de 1950, la gente ha condenado hasta el cansancio a las mujeres diciéndoles que la mujer virtuosa se levanta siempre temprano y prepara avena orgánica para su familia porque el bienestar espiritual, emocional y físico de cada uno de los que están dentro de su esfera de influencia depende de que cumpla su función maternal y de que se asegure de que sus hijos sean ordenados.

Por favor, no malinterpreten lo que estoy diciendo. Si una mujer tiene la bendición de tener un esposo que es capaz de mantener financieramente a la familia, y si es bendecida con hijos, creo que lo mejor que puede hacer es estar en casa con ellos; sin embargo, muchas mujeres simplemente no tienen la opción de quedarse en casa aunque realmente quisieran hacerlo. Y tal vez más significativo sea que ese no es el llamado más alto de la mujer, ni tampoco es la única obra que su Salvador le ha pedido que haga.

Creo en la infalibilidad y la atemporalidad de la Escritura, y nunca descartaría las enseñanzas de la Biblia acerca de las mujeres y la forma en que hemos sido diseñadas. Al mismo tiempo, sin embargo, muchas iglesias han adoptado ciegamente la vida suburbana posterior a la revolución industrial del siglo XXI, donde el esposo se va del hogar para trabajar durante el día mientras que la mujer se queda en casa con los hijos, como la única opción para una mujer que quiera ser piadosa. Hemos adoptado la idea de que una mujer que ama a Dios debe verse como el personaje de June Cleaver, el modelo de virtud de la década de 1950, que lucía perlas y vestidos muy bien planchados. Estas demandas rígidas no admiten diferencias en las circunstancias de la vida, el temperamento o los dones. Mientras tanto, las mujeres cristianas con talento se sienten frustradas, abatidas, maltratadas y no respetadas. Y muchas de ellas simplemente se rinden con desesperación, porque es demasiado doloroso tratar de encajar en la pequeña zapatilla de cristal de Cenicienta cuando su pie es mucho más grande (y prefieren usar zapatillas deportivas).

Así que si el llamado más alto de una mujer no es ser como el personaje de June Cleaver, ¿cuál es? Jesús habla de nuestro llamado más alto como mujeres (y hombres) en Juan 6, justo después de multiplicar el pan para cinco mil hombres hambrientos. "¿Qué debemos hacer para poner en práctica las obras de Dios?", le preguntaron (Juan 6:28). En lugar de decirles que fueran a casa y se pusieran a trabajar, respondió de la manera más sorprendente: "Esta es la obra de Dios, que creáis en el que él ha enviado" (versículo 29).

Espere un momento... ¿solo creer*? Pero ¿qué hay del trabajo que se supone que debería estar haciendo?*

Esas personas querían saber cómo adquirir el pan de vida del que Jesús había hablado. Esta fue su respuesta: "Trabajad, no por la comida que perece" les dijo, "sino por la comida que a vida eterna permanece, la cual el Hijo del Hombre os dará" (Juan 6:27).

La gente quería saber cómo multiplicar el pan, cómo hacer milagros, cómo asegurarse de que estaban ganando puntos en el cielo y cumpliendo con sus llamados. Él les dijo claramente cuál era su llamado: "Cree en mí."

Un comentario lo explica de esta manera:

> El único "trabajo" que garantiza que poseeremos este maná redentor es creer en Jesús (Juan 6:29). El evangelio

> sabotea cualquier idea de legalismo o aceptación basada en el rendimiento para Dios. Lo único que le llevamos a Jesús es nuestra necesidad. Todo lo que podemos ofrecerle es admitir que no tenemos nada que ofrecer.[10]

¿Cuál es nuestro llamado más alto como mujeres? Nuestro llamado más alto es nuestra fe. Consiste en creer, descansar, y alegrarnos en el trabajo que el Salvador ha hecho por nosotras, quien cumplió perfectamente todos los roles de género en nuestro lugar. Puede sonar extraño pensar que Jesús haya cumplido roles de género femeninos, pero lo hizo sinceramente sometiéndose a la voluntad de su Padre y haciéndola propia. Cuando estaba en el huerto de Getsemaní, entregó su deseo de ser liberado de la copa del sufrimiento y se colocó a sí mismo en sumisión al amor de su Padre. Entonces Jesús murió por todas nuestras ideas sesgadas acerca de lo que debemos hacer, todo lo que fracasamos al intentar hacerlo, y nuestra completa rebelión contra las leyes adicionales que nos han endilgado.

Nuestro llamado más alto es creer, amar el evangelio y vivir nuestras vidas a la luz de todo lo que Jesús ya ha hecho por nosotras.

Responsabilidades insoportables

Cuando tratamos de hacer que la Biblia diga más de lo que dice al darle la máxima autoridad a pasajes secundarios, o cuando sacamos pasajes fuera de contexto, terminamos solamente con pasos, listas y malos consejos que ponen a las mujeres en esclavitud. En última instancia, esto nos lleva al orgullo (si sentimos que estamos cumpliendo bastante bien con nuestra lista de tareas pendientes, o al menos mejor que las personas que nos rodean) o a la desesperación (si sentimos que nunca seremos capaces de estar a la altura de lo que aspiramos ser). Para la mayoría de las mujeres, la conclusión de estos malos consejos no ha sido la rectitud, la paz y la alegría que se nos promete (véase Romanos 14:17). La conclusión ha sido responsabilidades insoportables.

Estas enseñanzas equivocadas nos agobian al enseñarnos que Dios se agrada de nosotras basado en algo más que en nuestra fe en Cristo y su justicia. Este modo de pensar nos abruma porque nos asigna una tarea que no podemos cumplir nunca. Una mujer no puede controlar la relación que su esposo tiene con Dios. Una madre no puede controlar la fe de su hijo. Una mujer soltera no puede controlar el plan de Dios para su vida. Nadie puede hacer lo que solamente Cristo puede hacer. Estas enseñanzas generan que como mujeres tratemos de presionar y manipular a los que nos rodean para que se conformen, con la esperanza de que cuando finalmente reclinemos nuestra cansada cabeza en la almohada, podamos exhalar un exhausto: "Qué buena chica soy", antes de caer en el profundo sueño que necesitamos desesperadamente. Sé que esto es real porque viví esta mentira durante décadas.

Como madre joven, me levantaba temprano en la mañana, trataba de hacer mis lecturas diarias con el afán de lograr leer toda la Biblia cada año, y dedicaba tiempo a repasar mi lista de oración. A continuación, levantaba a mis hijos y los preparaba para ir a la escuela, pasaba el día enseñando, volvía a casa, me aseguraba de que todos estuvieran haciendo las cosas que tenían que hacer, preparaba la cena, limpiaba la cocina, les leía libros cristianos a mis hijos, oraba con ellos, trataba de crear planes de lecciones, me aseguraba de que todos los animales estuvieran alimentados, trataba de encontrar buenas recetas, intentaba hablar un rato con mi madre, trataba de animar a mi esposo, y luego caía rendida en la cama... sólo para hacer todo eso de nuevo la mañana siguiente.

La verdad es que nunca sentí que lo que estaba haciendo fuera suficiente, y cada vez que alguien en mi hogar fallaba de alguna manera, suponía que era un reflejo directo de mis propios fracasos personales de no lograr hacer todo ni ser suficiente.

¿Cómo podemos reconocer las buenas noticias?

Permítame sugerir una manera para que usted comience a juzgar si una palabra que acaba de escuchar o leer tiene sus raíces en la gracia y fluye del evangelio. Si sale de la iglesia o de donde recibe cualquier otro mensaje y piensa: "Voy a hacer todo lo posible para ser mejor: una mejor mujer, esposa, madre, hija o amiga", entonces no ha escuchado el mensaje del evangelio. Si se va con una sensación de orgullo de sí misma porque ha cumplido todos esos pasos, entonces tampoco ha escuchado el mensaje del evangelio. Si se va con una sensación de vergüenza y llena de desesperación porque se da cuenta de cuán perdedora es, entonces usted no ha escuchado el mensaje del evangelio. Si se va tratando de encontrar la manera de conseguir que todos en su familia estén en la misma sintonía para que usted pueda tener éxito, entonces no ha escuchado el mensaje del evangelio. No ha escuchado las buenas noticias; y las buenas noticias son el único mensaje que la liberará para ser la mujer que Cristo planeó que usted sea. Necesita creer en las buenas noticias, y creer en las buenas noticias es la única manera en que usted podrá encontrar libertad en su identidad en Cristo.

Preguntas PARA REFLEXIONAR Y DEBATIR

1. ¿Qué listas de tareas, pasos o malos consejos le han dado las personas diciendo que esa es la forma en que

Dios estará satisfecho con usted? ¿Qué impacto ha tenido esta mala noticia sobre su vida y su fe?

2. ¿Qué le han enseñado acerca del feminismo? ¿Qué bien ha logrado nuestra sociedad como resultado de la búsqueda de la igualdad de derechos? ¿Qué efectos secundarios nocivos ha producido?
3. ¿Qué le han enseñado acerca del "feminismo bíblico"? ¿Qué le ha resultado útil? ¿Qué le ha resultado perjudicial?
4. ¿Cómo cree que Dios la ve y qué cree que siente acerca de usted? ¿En qué se basa su apreciación?
5. En su intento por ser una mujer piadosa, ¿con qué frecuencia recuerda el evangelio?
6. Si observa la manera en que Jesús y Pablo interactuaban y hablaban de las mujeres, ¿qué le llama la atención? ¿Hay algo que la sorprende o que difiere de las enseñanzas que ha escuchado en la iglesia?
7. Resuma lo que ha aprendido en este capítulo en cuatro o cinco frases.

CAPÍTULO 2

¿DÓNDE QUEDARON *las* BUENAS NOTICIAS?

CARIDAD FUE CRIADA en un hogar cristiano en el que había más reglas que gracia. Le habían dicho que Dios estaría complacido con ella y la iba a bendecir si era sumisa y callada, si se dejaba el pelo largo, si nunca cuestionaba la autoridad, si aprendía a ser hospitalaria, y si nunca escuchaba música secular. Ella jamás había oído hablar acerca de la gracia de Dios; de hecho, la única vez que escuchó la palabra fue cuando hacían referencia a su hermana, cuyo nombre era Gracia.

A pesar de que le dijeron a Caridad que Jesús murió por sus pecados, también le dijeron que era su responsabilidad mantener feliz a Dios y que obtendría su bendición a través de su obediencia. Como una chica introspectiva y sensible, sabía que Dios no se dejaría engañar por la forma en que ella no obedecía (al menos en su interior). Su conciencia le atormentaba, y no podía evitar la suposición de que Dios estaba decepcionado con ella. Todos los días determinaba ser mejor, y los días que lo lograba se ponía exigente e irritable con sus hermanos, y luego se sentía condenada de nuevo. Los días en que fracasaba se sentía absolutamente desesperada, pero seguía intentándolo, porque no intentarlo era algo impensable. Ella temía a Dios de todas las formas equivocadas.

Entonces ocurrió lo inconcebible. Su padre, el hombre al que le habían enseñado a amar y respetar, abandonó a la familia. Caridad supuso inmediatamente que el abandono de su padre era una señal de que Dios la estaba castigando por su desobediencia. Ella trató de arrepentirse, trató de negociar con Dios, con la promesa de que nunca volvería a tener otro mal pensamiento si tan sólo le devolvía a su padre. Su madre trató de asegurarle que su padre no los había abandonado por algún error que hubiera cometido Caridad, pero no sirvió de nada. Ella fue cayendo en un pozo de odio a sí misma, y de autodestrucción y desesperación.

La razón por la que a Caridad no le sirvieron de ayuda los intentos de su madre de tranquilizarla fue porque Caridad ya había asimilado las lecciones de moralismo que destruyen el alma: si haces cosas buenas, Dios está obligado a bendecirte; si haces cosas malas, Dios te castigará. Ella pensaba que todo en su vida se basaba en su fiel obediencia, así que cuando llegó la tragedia, supuso que vino de la mano de un Dios enojado que finalmente se había cansado de sus fracasos. Finalmente, Caridad se fue de su hogar y de lo que ella pensaba que era el cristianismo; decidió que Dios (si es que en verdad existía un Dios) era demasiado difícil de complacer y que ella era demasiado débil para obedecer.

Aunque finalmente se reconcilió con su madre, su corazón había sido demasiado maltratado para aventurarse nuevamente en el camino de la fe. Era más fácil para ella fingir que nunca había oído hablar de Jesús que tratar de cumplir con todas las exigencias que pensaba que Él había puesto sobre ella.

Lo cierto es que Caridad nunca escuchó el verdadero mensaje del evangelio. Estaba rechazando una cáscara vacía de moralismo... y no la culpo por eso. El moralismo no brinda buenas noticias. "Trabaja duro y Dios te bendecirá" es una mala noticia. Las mujeres no necesitan aprender un listado de pasos para saber cómo hacer feliz a Dios; tienen que escuchar las buenas nuevas del mensaje cristiano: Dios ya está contento con nosotras si estamos en Jesús, su Hijo.

Un pastor recientemente hizo esta declaración audaz sobre el cristianismo en nuestra cultura: "En lo que se refiere a la civilización occidental, la cristiandad está oficialmente muerta."[11] A pesar de que puede sonar un poco exagerado en algunas partes del país, yo lo creo. He viajado por todo Estados Unidos debido a las conferencias, y he sido testigo principal de este tremendo cambio. Independientemente de si usted está sintiendo ya los efectos del mismo, la sociedad en la que vivimos ahora es completamente secular y notablemente anticristiana... y el futuro de las libertades de la iglesia aquí no parece muy brillante.

Al estar de acuerdo con la afirmación de que la cristiandad está oficialmente muerta, no quiero decir que la iglesia misma está muerta. La iglesia en todo el mundo, y los cientos de miles de expresiones de la iglesia, incluso en nuestro país secularizado, no están muertos. Existen millones de creyentes verdaderos y muchísimos pastores fieles en todo el país, y estoy agradecida por ellos.

La iglesia en sí va a perseverar en cualquier cultura en la que se encuentre, por una razón: el Esposo de la iglesia, el Señor de la iglesia, sin duda sostendrá a su novia. Podemos sufrir el martirio, pero la iglesia será victoriosa, de eso no tengo ninguna duda. El secularismo no será capaz de acabar con la voz de la iglesia más de lo que logró la adoración al emperador, el paganismo, la Ilustración, el socialismo, el comunismo o el materialismo. Jesús tendrá a su novia. Ninguna otra religión o humanismo secular prevalecerá al final. Jesús no murió para tener una esposa para sí mismo sólo para que la maltraten los que lo desprecian. He leído el final de la historia: Jesús gana. Es cierto, nuestro país puede estar encaminándose hacia una nueva edad oscura, pero esta nación y la iglesia no son análogas. Estados Unidos puede caer, pero la iglesia se mantendrá triunfante para siempre (véase Mateo 16:18).

Así que cuando concuerdo en que la cristiandad en Estados Unidos está muerta, esto es lo que quiero decir: nuestra cultura ya no es una que entiende incluso los principios más básicos del cristianismo. La buena noticia de la obra de Jesucristo (o incluso los principios más básicos de la religión cristiana) simplemente no es conocida por muchos estadounidenses. En la película *Gravedad*, cuando el personaje interpretado por Sandra Bullock se enfrenta a lo que cree que es la muerte inminente, susurra: "Nunca he orado en mi vida. Nadie me enseñó cómo hacerlo."[12] A pesar de que este es un ejemplo ficticio, afirma una interesante declaración acerca de la perspectiva de nuestra cultura sobre la oración. Incluso si las personas quieren orar, muchas de ellas tienen poca experiencia y formación acerca de cómo hacerlo. Por el contrario, en la década de 1950 la mayoría de las personas asistían a la iglesia, si no con regularidad, al menos en Navidad y Pascua. Y como mínimo, la mayoría de la gente sabía orar (o recitar) el "Padre Nuestro." Hoy día, sin embargo, la cultura es cada vez más pluralista y secular.

Si bien es claro que este país se está alejando de sus fundamentos cristianos, esa no es mi principal preocupación. Los cristianos siempre han sido parte de un mundo incrédulo y, en cierto modo, podría ser algo bueno que el modelo de mujer del personaje de June Cleaver haya derramado su barniz de religiosidad al plantear que las mujeres están demasiado ocupadas o que son demasiado espirituales como para seguir interesándose por la religión organizada. Por lo menos eso parece un poco más honesto que sus colegas de un par de generaciones atrás.

Mi principal preocupación es que miles de mujeres que se identifican a sí mismas como cristianas no tienen ni la menor idea de lo que significa el evangelio. No se dan cuenta de que la idea de trabajar para obtener la gracia de Dios o esforzarse cada vez más con el fin de obtener sus bendiciones es la antítesis de la naturaleza misma de las buenas noticias.

Sé buena = Siéntete bien = Obtén beneficios

Esta cáscara vacía de cristianismo, la idea de que ganamos el favor de Dios con un buen comportamiento, es lo que Christian Smith, en su estudio emblemático de juventud y religión en Estados Unidos, etiquetó como "deísmo terapéutico moral."[13] En palabras más sencillas, está explicando que a las personas se les enseña que el cristianismo se compone de estos tres dogmas: *sé bueno* para que puedas *sentirte bien* y así *Dios te dará beneficios.* Y mientras que esos principios pueden parecer a primera vista una buena idea, no son nada más que malas noticias que esclavizarán, sofocarán y degradarán nuestra alma. "Sé bueno para que puedas sentirte bien y obtener beneficios" *no* es cristianismo.

¿Por qué es que tantos de nosotros hemos comprado esta combinación tóxica? ¿Por qué estamos perdiendo el dulce sabor del evangelio? ¿Cómo puede ser que la fe que una vez cambió el mundo (véase Hechos 17:6) haya sido reducida a pasos monótonos, listas y malos consejos? Estoy segura de que, al menos en

Malos consejos QUE RECIBEN LAS MUJERES

¿Cuáles son las cosas más insólitas que les dicen a las mujeres que tienen que hacer para ser piadosas?

(Estas son respuestas reales a la pregunta que publiqué en Facebook.)

- Debes estar en la iglesia cada vez que las puertas estén abiertas. Enseña en la escuela bíblica, incluso si no estás capacitada para enseñar o trabajar con niños.
- Nunca le muestres a nadie tu verdadero yo. No es bonito, y se supone que debemos ser perfectas.
- Dios te concederá las peticiones de tu corazón si lo obedeces.
- Prepara tu propio detergente para la ropa y compra sólo alimentos orgánicos y no procesados que crezcan en tu propia huerta. Y por supuesto, amamanta a tus bebés.
- Si tienes cualquier tipo de lucha o problema en tu vida, no deberías servir en ningún ministerio.
- Sonríe todo el tiempo. Guarda tus problemas para ti misma. Nunca permitas que nadie sepa que estás sufriendo.
- Haz todo lo que te pidan que hagas en la iglesia. Nunca digas no a una oportunidad de ministerio.
- No descanses ni tomes una siesta durante el día cuando

parte, es porque a la mayoría de nosotras no se nos han enseñado los fundamentos de nuestra fe. Por desgracia, muchas iglesias han fallado, y en vez de enseñar la Biblia han tratado de divertir, engatusar, pinchar, o entretener a los buscadores hacia el Reino. Pero ese no es el único problema.

estés cansada. Debes estar ocupada en todo momento, o correrás el riesgo de darle lugar al diablo a través de tu inactividad.

- No pidas anestesia epidural durante el parto, no debes tratar de escapar de la maldición.
- Nunca admitas que estás en alguna lucha, porque eso significa que simplemente no estás obedeciendo al Señor.
- No le digas que no a ninguna persona que te pida algo.
- Si alguien te pregunta cómo estás, incluso si estás mal, sonríe y dile: "¡Estoy mejor de lo que merezco!" No seas demasiado transparente. Las personas necesitan que te veas estable.
- La felicidad de tu esposo depende enteramente de ti.
- Puesto que Jesús murió por ti, si estás agradecida y realmente lo amas, siempre estarás en la iglesia y estudiarás la Biblia todos los días. Ofrendarás todo tu dinero, y te encargarás de todos los estudios bíblicos, y salvarás a toda la gente, y servirás a cada ser humano.

LAS *buenas noticias*

Ahora, pues, ninguna condenación hay para los que están en Cristo Jesús, los que no andan conforme a la carne, sino conforme al Espíritu. ROMANOS 8:1

Incluso en las iglesias que manifiestan ser expositivas en su predicación y que se preocupan por ofrecer la doctrina correcta, muchos ministerios de mujeres son notorios por su falta de contenido y estupidez. Las mujeres reciben invitaciones para participar de conferencias en las que aprenden a sonreír mucho porque eso hace que las personas de su entorno sean más felices. Se les ofrecen clases para aprender a doblar servilletas que lucen como tumbas vacías para que sus mesas puedan reflejar la Resurrección. Incluso en iglesias serias a veces se insinúa, incluso se asevera, que el estudio de la doctrina o la teología es sólo para varones. A las mujeres se les dice que deberían contentarse con aprender nuevas recetas, ocuparse de sus cuerpos, o embellecer sus hogares, mientras que deben dejar los asuntos más importantes de la doctrina a los hombres. Después de todo, se les dice a las mujeres que se las puede engañar más fácilmente que a los hombres y por lo tanto deberían evitar cualquier estudio que no sea el que aprenden de sus esposos o pastores.[14] Cualquier mujer que pasa demasiado tiempo estudiando probablemente está usurpándole el rol a su esposo. Cuando las mujeres estudian la Biblia, a menudo se les dice que su estudio de la Biblia debiera limitarse a los estereotipos típicos cuasi cristianos.

De alguna manera, muchas iglesias se están perdiendo el retrato conmovedor de cómo Jesús trató a una mujer que quería aprender teología. El relato de María a los pies de Jesús debería hacer sentir libres a todas las mujeres para pasar tanto tiempo como puedan con Él y aprender todo lo que puedan sobre Él, porque Él le dijo a Marta: "Pero sólo una cosa es necesaria"… y sorprendentemente, no es preocuparse por el almuerzo. Jesús enseñó que aprender de Él es la "buena parte, la cual no le será quitada" (Lucas 10:42).

El moralismo: El karma para los cristianos

La mayoría de nosotros sabemos que Jesús nació en Belén, que murió en la cruz, que se levantó de los muertos, y que debemos leer la Biblia y orar. Pero si ahondamos con mayor profundidad, nos encontramos con que estamos bastante confundidos acerca de nuestra fe.

Afortunadamente, sin embargo, Jesús no nos ama porque seamos buenos teólogos y eso es algo bueno, porque ninguno de nosotros nos calificaríamos. No amamos a Dios con toda nuestra mente, como deberíamos hacerlo según Mateo 22:37. Por el contrario, Jesús nos ama porque simplemente Él ha elegido hacerlo, no por algo bueno que haya en nosotros, porque piense que somos realmente inteligentes o porque tengamos un potencial teológico excelente. De ninguna manera, Él nos ama simplemente por la generosidad de su corazón que está lleno de amor.

Aun así, el no conocer sobre Él y todo lo que Él ha hecho por nosotras deja la puerta abierta para ser atrapadas por todo tipo de error y esclavitud. Hemos caído presas del moralismo que define cualquier cultura sin Dios, y ahora somos firmes creyentes en el karma: la idea de que si actuamos bien, nos sentiremos bien y nos sucederán cosas buenas.

Siempre que una sociedad, iglesia, movimiento, familia o individuo pierde de vista la centralidad del evangelio de la gracia, una religión diferente será la que llene ese vacío. Siempre algo sostendrá el centro de gravedad; siempre habrá una estrella alrededor de la cual vamos a orbitar. Y cuando ese centro no son las buenas noticias de la obra de Jesús, será inevitable que sea una religión de malas noticias, una religión de obras y méritos, una religión de "lo que se siembra se cosecha." En otras palabras, siempre se traducirá en el karma. Todas las demás religiones en el mundo se basan en el principio del karma: *sé bueno* para que *puedas sentirte bien* y *te ocurrirán cosas buenas*. Eso no es cristianismo. El cristianismo está en oposición directa a la religión y al karma basado en las obras.

El principio del karma está en todas partes, incluso en los entornos que no son religiosos. Por ejemplo, el karma es el principio impulsor de todo sistema educativo: trabaje duro para que pueda obtener buenas calificaciones, y luego se sentirá bien consigo misma, conseguirá un buen trabajo, podrá comprarse cosas buenas, tendrá una buena familia, y finalmente podrá retirarse al sur de Florida para recoger caracolas marinas en la playa mientras toma tragos con alcohol y se siente muy bien acerca de todo lo que ha logrado.

El karma también impulsa el movimiento de la autoestima: si les expresa a sus hijos que son buenos, entonces serán buenos y se comportarán correctamente, y les ocurrirán cosas buenas; y de ese modo comenzará a sentirse bien acerca de su modo de educarlos. Incluso he hablado en conferencias de educación en el hogar, donde a los padres les habían dicho que si alimentaban a sus hijos con brócoli, se convertirían en pequeños como Ester y Daniel. Esta es la ecuación del karma: si comen verduras nutritivas, serán buenos niños (aunque por mucho que lo intente no puedo entender por qué alguien alimentaría a su hija con algo que pudiera predestinar su vida dentro del harén de un rey pagano).

El karma se encuentra en el corazón del movimiento de los deportes juveniles: si los niños aprenden un deporte, se sentirán bien consigo mismos y formarán parte de un grupo de personas que se sientan bien consigo mismas. Entonces harán cosas buenas y les ocurrirán cosas buenas, y no consumirán drogas.

El karma también se encuentra en el centro del movimiento medioambiental: recicle las botellas plásticas de agua (o mejor aún, ni siquiera las use), y se sentirá bien consigo misma, y la madre naturaleza estará feliz con usted, y los árboles le sonreirán. Podría seguir y seguir, y sé que usted también.

Nunca olvidaré el culto de Nochebuena al que asistí antes de conocer a Jesús. Tenía veinte años, asistía a una iglesia que ahora sé que tenía una teología correcta y hermanos amorosos, pero lo que escuché esa noche fue mi propia voz en mi cabeza que me decía qué fuera de lugar estaba por haber elegido usar un vestido negro y medias de nailon desgastadas. Me entristece hoy saber que me perdí el mensaje del evangelio y el amor que Cristo tenía para mí por preocuparme por mi vestimenta. Creo que ese es todavía un gran riesgo dentro de la cultura de la iglesia: la idea de que hay que limpiarse o purificarse antes de entrar, ya sea que eso signifique ponerse unas medias nuevas o librarse del pecado frecuente. La verdad es, sin embargo, que no nos podemos limpiar a nosotros mismos. Sólo Jesús puede hacerlo.

LA HISTORIA DE
una mujer

Es cierto que hay aspectos beneficiosos en cada una de esas cosas que he mencionado. Por supuesto que es bueno que los niños reciban una educación y una dieta equilibrada, y estoy a favor del reciclaje. El problema surge cuando esas cosas comienzan a definirnos si las hacemos, o nos sentimos culpables si no las hacemos.

Sólo nos preocupa saber que estamos bien

Cada una de nosotras nos esforzamos para asegurarnos de que estamos bien. Anhelamos creer que estamos cumpliendo nuestros objetivos, que somos todo lo que deberíamos ser, y que estamos haciendo lo mcjor que podemos. Queremos ser capaces de aprobarnos a nosotras mismas, que los demás nos aprueben, y sobre todo, saber que Dios también piensa que estamos bien. Son cientos los mensajes cuasi cristianos que participan de este deseo, ofreciéndonos el mensaje que anuncia los diez secretos para alcanzar nuestro pleno potencial o los cinco hábitos que cada mamá debe dominar.

No sólo queremos estar bien, sino que también queremos ser libres de la sospecha del fracaso y la culpabilidad que carcome nuestra alma, esas autoacusaciones que susurran: *¿Cómo pudiste ser tan idiota?* Queremos saber que estamos siendo buenas para poder sentirnos bien y para creer que nos ocurrirán cosas buenas. Incluso aunque nunca reconozcamos que creemos en el karma, creemos ciertamente que todo lo que se siembra se cosecha. ¿Cuántas veces ha pensado: "se lo merecía" o "ella se lo buscó"?

O tal vez alguien ha tratado de tranquilizarla diciéndole: "Aunque todo se vea oscuro en este momento, siempre verás la luz al final." Cada vez que alguien menciona eso, quisiera preguntarle: "¿Cómo lo sabes? ¿Piensas que todo se resolverá porque soy una buena persona? ¿Le ocurren cosas buenas automáticamente a la gente buena? ¿Desde cuándo el karma superó al cristianismo?" Pero no lo hago. Por lo general, apenas sonrío y les respondo: "Gracias." (Porque soy una buena persona y realmente quiero agradar a las personas. Sonrío por compromiso.)

Hace algunos veranos encontré un teléfono celular en la playa. Lo encontré tirado en el césped, así que después de varias horas decidí comenzar a preguntar por donde había estado para ver si podía averiguar a quién le pertenecía. Cuando le pregunté a una familia, la madre respondió: "Es muy amable de tu parte que te preocupes por eso. Sé que te ocurrirán cosas buenas porque eres muy honesta." Le sonreí y le dije: "Gracias" (por todas las razones que mencioné anteriormente).

Pero no siempre soy tan callada con respecto a mis pensamientos sobre el karma. En otra ocasión me encontré con una mujer que había sido amiga de mi hija en la escuela secundaria. Ella me remarcó que yo era una maravillosa escritora cristiana y que sabía que se debía a que yo era muy fiel en el servicio a Dios. En aquella ocasión no le dije gracias; en su lugar, la corregí: "No es como dices, estás absolutamente equivocada. Dios no me está bendiciendo porque soy buena. Me está utilizando porque Él es bueno y su Hijo murió en mi lugar." Ella sonrió y se alejó. Supongo que sólo estaba esperando que le dijera gracias. Me pregunto si ella pensará que soy buena ahora.

Este deseo de ser considerados buenas personas es un tema central en los funerales. Normalmente, el ministro, los miembros de la familia y los amigos del fallecido se ponen de pie y hablan de lo buena persona que era el viejo Joe. Cuando hacemos eso, estamos buscando justificar la existencia de Joe; esperamos afirmar que en realidad estaba bien, que su vida no fue un desperdicio de recursos, que el viejo Joe realmente era el buen Joe, después de todo, y que podemos estar seguros de que el buen Joe está sonriéndonos a todos nosotros desde el cielo en ese momento. Todos queremos ser recordados como personas que hicimos el bien y dejamos este mundo como un lugar mejor de lo que era cuando lo encontramos. Y creemos que si hacemos eso, el bien está obligado a venir hacia nosotros y dios (quienquiera que sea para usted en particular) nos sonreirá. A partir de cualquier cosa que digamos con nuestra boca, nuestra vida demuestra que creemos en el karma.

No necesitamos el karma; necesitamos buenas noticias

El primer problema con esta línea de pensamiento es que, según la Biblia, ninguno de nosotros es bueno (véase Romanos 3:10-12). Ninguno de nosotros merece bendiciones; nos merecemos el juicio. La idea de que podríamos ganar algo debido a nuestra bondad es totalmente falsa. Jesús mismo dijo: "¿Por qué me llamas bueno? Ninguno hay bueno, sino sólo uno, Dios" (Marcos 10:18). El estándar de Dios para la bondad no implica que encontremos al dueño de un teléfono perdido. Su estándar para la bondad es la perfección: "Sed, pues, vosotros perfectos, como vuestro Padre que está en los cielos es perfecto" (Mateo 5:48). Dios define que bondad es que lo amemos a Él y a nuestro prójimo los 365 días del año a lo largo de nuestras vidas (véase Mateo 22: 37-39). Nosotros no somos buenos.

La segunda falacia que viene con esta mentalidad es la idea de que Dios es una fuerza impersonal. La Biblia no sostiene: "¡Confía en la fuerza, Luke!" La Biblia nos dice que debemos confiar en una Persona. La creencia de que hay algún tipo de fuerza impersonal que hace todo lo posible para igualar y justificar a todos al final no sólo es falsa, sino también aterradora. Será mejor que no esperemos que sea una fuerza impersonal la que nos devuelva el favor al final de nuestras vidas.

He hecho algunas cosas realmente terribles (y un montón de cosas aburridamente estúpidas y egoístas), e incluso después de todos estos años como seguidora de Cristo, sigo estando terriblemente inclinada hacia el pecado. El karma no es una buena noticia; son noticias aterradoras, y las únicas personas que piensan que el karma es una buena noticia son las que están demasiado seguras de sí mismas o son lo suficientemente delirantes como para pensar que están bien. Yo no creo que esté bien; creo que soy una gran pecadora que necesita un gran Salvador. Eso es todo. La idea de una fuerza impersonal que igualará todo al final me da pánico.

La verdadera buena noticia es que existe un Dios personal, no sólo una fuerza, que ha declarado que no nos está observando para darnos nuestro merecido. Él nos ve como somos en realidad, no como pretendemos ser, y sin embargo, nos ama tanto que estuvo dispuesto a separarse de su Hijo y a verter su ira sobre el Hijo en nuestro lugar.

Una fuerza impersonal del karma o la suerte simplemente no existe en el universo que Dios ha creado. El karma, la suerte y el azar son imaginaciones paganas, formas para evitar negociar con el Señor vivo y soberano del universo, maneras de evitar la humillación de la gracia.

El mal real personal en forma de Satanás realmente existe. El bien real personal en forma del trino Dios también existe. Existe un Dios bueno, quien se ha dado a conocer a través de su Palabra y por medio de su Hijo, y Él ha vencido a Satanás y ha vencido al pecado y a la muerte por nosotros. Él no nos ha dado muerte, que es la paga que ha ganado nuestro pecado. Al contrario, Él nos ha dado gracia. Pablo describió la gracia de esta manera: "La dádiva de Dios es vida eterna en Cristo Jesús Señor nuestro" (Romanos 6:23).

La gracia es la mejor noticia que cualquier pecador puede oír. Es un don gratuito; es la vida eterna para aquellos que merecen la muerte. Como dice Bono, el cantante de U2: "La gracia desafía la razón y la lógica. El amor interrumpe, si se quiere, las consecuencias de nuestras acciones, que en mi caso es una noticia muy buena, porque he hecho un montón de cosas estúpidas... Estaría en grandes problemas si el karma fuera mi juez al final... Sostengo que Jesús llevó mis pecados sobre la cruz, porque sé quién soy, y espero no tener que depender de mi propia religiosidad."[15]

Por alguna razón tenemos tendencia a pensar que es más aterrador confiar en la gracia de un Dios personal de lo que es creer en el karma. ¡Pero la gracia no da miedo! Lo que es realmente aterrador es que pudiera haber alguna fuerza impersonal sin amor que me pague lo que realmente merezco. Me arrojo a la misericordia de un Dios de amor que ha demostrado su bondad al entregar a su Hijo antes que aferrarme a la esperanza de que algún mecanismo imaginado llamado karma ve lo bueno que hago y hace caso omiso de lo malo. Necesito la buena noticia del evangelio.

Ahora bien, puede que se pregunte por qué estoy hablando tanto sobre el karma en un libro sobre las cosas insólitas que les dicen a las mujeres acerca de cómo agradar a Dios. Pero la razón por la que nos atraen todos estos pasos, listas, y malos consejos en primer lugar es porque hemos comprado la idea del karma.

Pensamos que si nos vestimos de cierta manera, seremos especialmente bendecidas, nuestras hijas serán modestas y nuestros hijos elegirán mujeres virtuosas para casarse. Pensamos que si damos a luz a nuestros hijos en casa, nuestra familia será saludable y unida, y nuestros hijos se unirán con nosotros y nunca se irán de nuestro lado. Pensamos que si creamos un vacío de liderazgo en nuestro matrimonio, nuestro esposo hará automáticamente lo que debe hacer, nosotras seremos mujeres virtuosas, y la gente se levantará y nos llamará bienaventuradas. Pensamos que si aumentamos nuestro busto, nuestros esposos siempre nos amarán, o que si somos muy modestas, sus corazones no se sentirán atraídos por otras mujeres. Pensamos que si volvemos a la naturaleza (otra fuerza impersonal), de alguna manera vamos a ser bendecidas con salud y vida. Y creemos que la única manera en que Dios puede edificar su Reino es con nuestros hogares libres de polvo.

Al final del día, al final de nuestras vidas, queremos saber que estamos bien, y queremos saber que hemos alcanzado el éxito como mujeres cristianas. Eso no es cristianismo; eso es karma, y aplastará nuestras almas o nos hará orgullosas, o las dos cosas. No sé a ustedes, pero esta forma de vida me llena de miedo.

Estar bien no es un concepto nuevo

El deseo de saber que estamos bien no se originó con el declive de la cristiandad en los Estados Unidos, ha sido mucho antes que eso; de hecho, la Biblia habla mucho de este anhelo de sentirse bien. Simplemente usa un término que ya no usamos mucho: *justificación*.

En la Biblia, la justificación está principalmente enfocada en Dios. Necesitamos ser justificados ante un Dios santo, y Él es el único que puede ofrecer eso.

La justificación tiene dos significados igualmente importantes. En primer lugar, significa un perdón completo. A veces, la justificación se define "como si nunca hubiera pecado." Esa es una gran definición, ya que capta la idea de que el registro de todos nuestros males ha sido completamente borrado por la sangre de Jesús, que fue derramada por nosotros. Romanos 5:18 describe la muerte de Cristo en la cruz como "un acto de justicia [que] lleva a la justificación y a la vida para todos los hombres."

Mentiras QUE LES DICEN A LAS MUJERES

¿Qué mensajes falsos ha oído acerca de lo que Dios piensa sobre usted?

(Las siguientes respuestas se obtuvieron de los grupos de enfoque.)

- Si pecas, Él estará decepcionado porque estás fallándole.
- Eres un desastre como esposa y como madre. ¿Cómo podría usarte Dios alguna vez?
- ¡Mira a todas tus amigas y lo bien que les va en sus vidas! ¡Nunca llegarás a nada!
- Mira lo felices que son todos, Dios realmente debe de estar bendiciéndolos. Y ahora mira tu propia vida, ¡qué desastre! ¡Dios realmente debe de odiarte!
- La gente te menosprecia a causa del color de tu piel. Incluso en la iglesia, hay demasiada discriminación. ¿Qué te hace pensar que Dios se interesa por ti?
- Dios ama a quien Él quiere amar. Así que si estás en la duda, no hay garantía de que seas uno de los elegidos.
- ¡Eres un fracaso!
- ¿Cómo sabes que estás siguiendo la dirección de Dios para tu vida? ¿Qué pasa si has perdido la dirección?

El estar bien se basa en el hecho de que Dios ha perdonado todos nuestros pecados. No tenemos que compensarlos o tratar de justificarnos a nosotras mismas culpando a los demás o con la esperanza de que el bien que hacemos pese más que el mal que hacemos. Somos completamente perdonadas. Si usted cree, ya no está bajo el juicio de Dios por su pecado. Está perdonada.

- Has recibido mucho, eres una de las personas ricas de las que Dios está hablando. Seguro que estás condenada porque vives con mucha comodidad en comparación con el resto del mundo.
- Estás fallando como madre. Si no puedes lograr que tus hijos amen a Jesús, ¿cómo vas a conseguir que alguna vez Él te diga "bien hecho"?
- Estás desperdiciando tu educación al quedarte en casa con tus hijos. Si recibieras un sueldo, al menos estarías aportando algo a la sociedad.
- ¡Ríndete! Es inútil intentarlo una y otra vez. Es seguro que fracasarás. Dios no va a ayudarte.
- Dios quiere que seas "buena." Se supone que debes ser un modelo de perfección, ocultar tus defectos, y trabajar muy duro para ganarte el amor de la gente y de Dios.
- En comparación con la mujer que Dios quiere que sea, soy una decepción.

LAS *buenas noticias*

Estad, pues, firmes en la libertad con que Cristo nos hizo libres, y no estéis otra vez sujetos al yugo de esclavitud. GÁLATAS 5:1

El segundo significado de la justificación se refiere a la completa rectitud. No es simplemente un registro de limpieza; es un registro de obediencia completa. Una vez escuché al autor Jerry Bridges definirlo "como si yo siempre hubiera obedecido." Jesús mismo ha proporcionado el registro de la obediencia completa que necesitamos.

Durante los años que caminaba en la tierra, a partir de su nacimiento en Belén, a través de su infancia en Nazaret y durante su ministerio en Israel, Jesús siempre cumplió perfectamente con la orden de amar los 365 días del año. Amó con un amor perfecto a su Padre y a su prójimo en nuestro lugar para que ahora, cuando Dios nos mira, no nos vea como transgresores de la ley, ni siquiera como transgresores de la ley que han sido perdonados. Él nos ve como *guardianes de la ley.*

¿No es eso una gran noticia? ¿No es eso mucho mejor que el karma? Es una noticia tan buena que es difícil de creer. La Escritura dice que la justicia de Dios está disponible "por medio de la fe en Jesucristo, para todos los que creen en Él" (Romanos 3:22).

Una de las maneras en que podemos conseguir ser libres de la atadura de las listas de tareas y los pasos es recordar que somos completamente justificadas. Estamos realmente bien ahora, y mejor de lo que podríamos esperar o imaginar. Estamos bien delante de Dios, delante de Aquel que nos ve como somos en realidad. Estamos bien porque Él nos ha hecho completamente bien, completamente perdonadas, completamente justas. Él nos ha justificado y lo ha hecho porque nos ama. Ya no tenemos que tratar de justificarnos a nosotras mismas, ni tenemos que tratar de hacerlo sonreír. Él ya está sonriendo. No hay nada más que necesitemos hacer para compensar, ni probar, ni demandar. Se nos ha dado todo lo que nuestras almas han necesitado desde siempre en Cristo, y no porque nos lo hayamos ganado o porque hayamos sido realmente buenas. Es porque Él es realmente bueno. Eso es realmente una gran noticia, ¿verdad?

Jesús no creía en el karma, y su vida no fue una lección de moralismo. Lo que salía de Él no volvía a Él, al menos no durante su tiempo en la tierra. Jesús fue la encarnación por excelencia del hombre de Dios del Salmo 1, ¿verdad? Él no siguió el consejo de los malvados, ni seguía a los pecadores ni a los burladores. Su deleite estaba en la ley del Señor, y meditaba en ella de día y de noche. Pero cuando nos fijamos en su vida, ¿parece que Él haya sido "como un árbol plantado junto a corrientes de aguas" (Salmo 1:3)? Considerando los horrores que enfrentó en el Gólgota, ¿diría usted que "todo lo que hace, prosperará" (versículo 3)? Por el contrario, Él fue tratado como un impío, como el tamo que arrebata el viento.

El horrible sufrimiento de la vida justa de Jesús debería destruir cualquier creencia que tengamos en el karma. Mientras tanto, todos hemos vivido vidas de pecado, y sin embargo se nos trata como si hubiéramos obedecido en todos los sentidos. Nosotros, los malvados, somos como el árbol bien regado, plantado junto a corrientes de aguas "que da su fruto en su tiempo, y su hoja no cae" (versículo 3).

¿Cuál es el mensaje para las mujeres en nuestro contexto? Recicle si lo desea, pero reciclar no la justifica. Puede comer alimentos orgánicos y dar a luz a ocho bebés en la bañera, si así lo desea; sin embargo, comer alimentos integrales y tener partos naturales no la justifican. Camine por cualquier causa que le guste: use el color rosa, el color verde, o póngase un traje de camuflaje. Dios no está impresionado. Ninguna de esas cosas la justifica. Eduque a sus hijos en casa o no lo haga; cásese o no se case. Viva en la ciudad, viva en la pradera; ame la música clásica, baile al ritmo del hip hop, o entone un himno tradicional. Nada de esto la justifica; nada de esto es suficiente para hacer que sea justa delante del Señor. Pero no se preocupe, el puesto de Justificador ya ha sido tomado, y su nombre es Jesús. No es necesario que siga postulándose. Alégrese.

La letra de la canción maravillosa de Dustin Kensrue "It´s Not Enough" [No es suficiente] habla con elocuencia de nuestra necesidad de Alguien que será suficiente en nuestro nombre:

> *No es suficiente, no es suficiente*
> *Podría caminar por el mundo para siempre*
> *Hasta que mis zapatos estén llenos de sangre*
> *No es suficiente, no es suficiente*
> *Podría enderezar todos los males, o devastar*
> *Todo bajo el sol*
> *No es suficiente, no es suficiente*
> *Para hacerme completo.*[16]

Preguntas PARA REFLEXIONAR Y DEBATIR

1. La Biblia promete bendiciones para aquellos que demuestran obediencia, pero estas bendiciones siempre vienen como resultado de "la fe que obra por el amor" (Gálatas 5: 6). Sin embargo, incluso si tenemos este conocimiento en la cabeza, es fácil caer en creer en el karma sin intención. ¿Existen algunas áreas en su vida en las que ha creído que si hacía lo bueno le sucederían automáticamente cosas buenas?

2. ¿Cómo podría identificar si se involucró en alguna causa sólo para ser considerada buena? Por ejemplo, ¿alguna vez ha estado enfadada porque hizo algo bueno y no recibió nada a cambio? ¿Alguna vez se ha preocupado de que usted no estaba siendo lo

suficientemente buena? ¿Puede pensar en algún ejemplo de creencia en el karma en su propia vida?

3. ¿Por qué creer en el karma parecería algo bueno para aquellos que no son salvos? ¿Por qué es realmente una mala noticia?

4. ¿Qué significa ser justificado? ¿Cree que cuando Dios la mira, Él la ve completamente justa? ¿Cómo cambiaría su vida si creyera en eso?

5. Resuma lo que ha aprendido en este capítulo en cuatro o cinco frases.

CAPÍTULO 3

LEYES, REGLAS, PASOS, *y más* MALAS NOTICIAS

CUANDO ME CONVERTÍ EN MADRE por primera vez, otras mujeres creyentes me dieron varios consejos inútiles sobre la manera en que debía criar a mis hijos. Gran parte de los consejos provenían de un folleto legalista (pero muy popular) que circulaba por aquel momento. En él había instrucciones sobre cómo quebrar el espíritu rebelde de un niño obligándolo a cumplir con cada deseo o pedido de su madre, incluso establecía cuándo debía comer y dormir el bebé. Nos decían que a los niños no había que permitirles que dieran su opinión sobre ningún tema y que debían mostrar una obediencia inmediata en toda circunstancia.

Estos maestros creían que la prohibición de Pablo contra provocar a ira a los hijos (véase Efesios 6:4) era principalmente una prohibición contra ser inconsistentes en la disciplina. Me habían dicho que mi esposo y yo representábamos a Dios para nuestros hijos y, que si nos desobedecían, estarían desobedeciendo también a Dios. Realmente creía que mis hijos debían ver nuestra autoridad de la misma manera que veían la autoridad de Dios. La teoría era que si nuestros hijos no respetaban nuestra autoridad afrontarían consecuencias terribles más adelante en sus vidas.

Me estremezco al pensar en las veces en que seguí este consejo desgarrador y traté a mis hijos de manera dura y demandante. En medio de esa etapa, nunca se me ocurrió que yo había sido criada en un ambiente completamente diferente, uno menos legalista, y que aún así, el Señor me había salvado. Si bien es cierto que los padres tenemos un rol importante encomendado por Dios para criar a nuestros hijos, necesitamos ser cautelosos con respecto a cualquier consejo que insinúe que en lo que se vaya a convertir el niño dependerá solamente de si mamá y papá siguieron al pie de la letra todas las reglas acerca de la educación de los hijos.

Lamentablemente, no aprendí acerca de cómo vivir a la luz del amor misericordioso de Dios hasta que mis hijos fueron grandes y ya se habían ido de casa. Sólo durante los últimos diez años aproximadamente he llegado a entender que las buenas noticias de lo que Jesús ya ha hecho eran las que debían conformar mi maternidad, y ahora mi rol como abuela. Saber y descansar en la verdad de que Jesús ama a los pecadores ha cambiado la manera en que les respondo a mis nietos cuando se equivocan. Descubro que tengo más paciencia con mis hijos y con mis nietos y que sus equivocaciones ya no me escandalizan ni me desalientan.

Por ejemplo, cuando a mis nietos menores les cuesta compartir las cosas entre ellos, les digo que yo sé lo que se siente porque también me cuesta compartir. Cuando me subo a un avión, no quiero compartir el lugar que está al lado mío. Pienso que estaría más contenta si pudiera tener todo el espacio para mí sola. Admito que soy como ellos, la diferencia es que ellos pelean por juguetes y yo por "mi" espacio. Ahora, en vez de avergonzar a mis nietos diciéndoles cosas como: "¡No puedo creer que sean tan egoístas como para no compartir sus juguetes!" les puedo decir: "Sé lo que se siente pensar que necesito tener algo para ser feliz. Cuando sabemos que deberíamos compartir pero no queremos hacerlo, podemos ir a los pies de Jesús, que ama a los pecadores, y pedirle de su gracia."

Cuando se distorsiona el buen consejo

La mujer ha dado y recibido consejos desde que ha habido hermanas, madres e hijas. El consejo que la mujer mayor le da a la menor sobre cómo vivir sabiamente puede ser de gran ayuda. Como Pablo le dijo a Tito, nadie puede enseñarles mejor a las mujeres jóvenes que las mujeres adultas que tienen temor de Dios (véase Tito 2). De hecho, Proverbios 31 es el registro de una madre que le enseña a su hijo qué clase de mujer debería buscar cuando piense en casarse. Estoy agradecida por mi madre y por mi suegra, y por todas las mujeres que me han hablado y me han ayudado a convertirme en la mujer que soy ahora; y estoy agradecida de haber tenido una puerta abierta para compartir mi sabiduría con otras mujeres, especialmente con mis hijas y ahora también con sus hijas.

Sin embargo, si bien el consejo tiene el potencial de ayudar, también tiene el potencial de dañar. El consejo se vuelve inútil cuando se lo eleva al mismo nivel de la Escritura inspirada por Dios. De la misma manera, el consejo no es beneficioso cuando se le dice a la mujer que puede ganarse méritos (bendiciones o beneficios) de Dios si decide seguirlo. Finalmente, el consejo es dañino cuando obtenemos nuestra identidad a partir de las reglas que seguimos, en lugar de obtenerla mediante la obra que Jesús hizo por nosotras. (Trataremos los primeros dos problemas en este capítulo y desarrollaremos el tercero en el capítulo 4).

Nuevamente, quiero decir que estoy agradecida por la mayoría de los consejos que me han dado a lo largo de mi vida. Cuando alguien me recomienda una manera mejor para hacer algo, me encanta poder escucharla; sin embargo, cuando me plantean que seguir un consejo específico me hará más santa o hará que Dios esté complacido conmigo, dicho consejo se convierte en veneno para mi alma.

Cuando decimos que algo que hacemos afectará a la manera en que Dios nos ve, estamos elevando ese comentario al mismo nivel de las Escrituras y, como resultado, lo que podría haber sido un consejo útil podría llegar a destruirnos en última instancia.

Los siguientes son algunos ejemplos para explicar lo que quiero decir. Cuando Dios creó a Eva, afirmó: "No es bueno que el hombre esté solo; le haré ayuda idónea para él" (Génesis 2:18). El Nuevo Testamento nos enseña que la mujer debe amar a su esposo y ser cuidadosa de su casa (véase Tito 2:4-5). De estas verdades, entiendo que tengo que amar a mi esposo y que lo tengo que hacer, al menos en parte, supervisando el trabajo que debe hacerse en la casa. Muy bien. Hasta aquí, todo bien.

Sin embargo, estos buenos principios se vuelven dañinos cuando me plantean que, bajo el título de "ayudante" y "ama de casa", debo planchar las camisas de mi esposo inmediatamente después de sacarlas de la secadora y que eso hará que Dios se complazca más conmigo. En este caso, el "planchado inmediato de camisas" se convierte en una ley tóxica para mí.

¿Por qué? Porque a través del planchado busco ganar méritos o la bendición de Dios; y si no cumplo con mi tarea de planchar, creo que soy culpable de juicio. Tomo lo que podría ser un buen consejo y le otorgo el mismo peso que lo que está escrito en

Malos consejos QUE RECIBEN LAS MUJERES

¿Cuáles son las cosas más insólitas que les dicen a las mujeres que tienen que hacer para ser más piadosas?

(Las siguientes son respuestas reales a la pregunta que publiqué en Facebook.)

- Habla con tranquilidad y suavemente, incluso si eres extrovertida.
- Levántate temprano para orar, ¡como si Dios no estuviera despierto a medianoche!
- Ten un tiempo y espacio estrictos para tu "tiempo a solas" con Dios.
- Asegúrate de que tu tiempo de quietud sea por lo menos de treinta minutos.
- Levántate a las cinco de la mañana para hornear tu propio pan.
- Ten el balance perfecto en tu personalidad entre callada y amigable.
- Sé callada y sumisa, y no disientas de tu esposo ni de otros hombres.
- No te rías con voz fuerte. Es demasiado desvergonzado.

las Escrituras. Asimismo, de esta manera puedo también buscar aprobarme a mí misma, esperando que aunque les haya gritado a mis hijos esta mañana, de igual manera estoy bien delante de Dios. En términos más medievales, puede que busque ganarme indulgencias por mi mal humor al haber realizado rápido el planchado.[17] El planchado se convierte en un castigo ofrecido para expiar mi enojo pecaminoso.

- Si tu hijo no sigue al Señor es porque has fallado en tu responsabilidad de poner en práctica una educación piadosa..
- Si estás enferma es porque hay alguna clase de pecado en tu vida.
- No respondas preguntas en el estudio bíblico o en la escuela dominical. Sólo siéntate en silencio y deja que los hombres contesten todas las preguntas.
- Abstente de orar en reuniones donde haya hombres.
- Levántate antes que nadie en tu hogar y así podrás orar, tener un tiempo a solas y preparar el desayuno para todos.
- Procura que la cena esté lista para cuando tu esposo llegue a casa.
- Debes planchar para tu esposo.
- No demuestres que tienes un agradable sentido del humor.
- Si tus hijos son desobedientes es porque en tu propia vida existe una falta de sujeción a la autoridad.

LAS *buenas noticias*

En quien tenemos redención por su sangre, el perdón de pecados según las riquezas de su gracia. EFESIOS 1:7

Ciertamente existen algunas leyes que Dios le comunicó claramente a su pueblo, y son verdades inalterables que reflejan su carácter y dictaminan la forma en que sus seguidores deben actuar. *No mentir. No tomar lo que no nos pertenece. No envidiar. No adorar a nada ni a nadie que no sea Dios.* Sin embargo, el problema surge cuando hacemos de algo una ley cuando Dios nunca dijo que fuera ley, o cuando creemos que podemos obedecer la ley a la perfección, o cuando suponemos que nuestra obediencia hace que nos ganemos el favor de Dios. Cuando el buen consejo sobre el planchado es elevado al nivel de la ley divina, cuando nos manifiestan que si cumplimos con un principio general de una manera específica nos ganaremos el favor de Dios, ese buen principio toma la forma de una ley esclavizante. Cuando se une el consejo con las bendiciones o maldiciones de Dios, las buenas verdades generales sobre cuidar el hogar se convierten en una carga innecesaria. Este consejo se convierte en una ley equivocada que no puede producir una rectitud verdadera en nosotras. Sólo puede generar orgullo (cuando estamos al lado de la secadora con la plancha en la mano) o desesperación (cuando nos damos cuenta de que la secadora se apagó hace tres horas y que todo lo que había adentro está irremediablemente arrugado). No podemos obtener nada más de Dios de lo que ya nos ha dado gratuitamente. Él no ama una versión mejor de nosotras y más obediente. Él nos ama así como somos *ahora*.

Veamos otro ejemplo. ¿Alguna vez le dijeron que necesitaba levantarse a las cinco de la mañana, en lugar de a las seis o a las ocho, porque las cinco es una hora más piadosa? (Como escuché decir a una mujer: "¡Como si Dios no estuviera despierto a medianoche!") Cuando la gente hace esta clase de reclamos, está distorsionando la Biblia agregándole más de lo que realmente dice. Por supuesto que hay un principio sabio que establece que si yo duermo hasta el mediodía continuamente tendré problemas para terminar el trabajo que necesito hacer, pero solo porque vivo en una casa con personas que se levantan temprano y quiero estar disponible para relacionarme con ellas y servirlas. (Además, mi familia no apreciaría escuchar el ruido de la aspiradora a las once de la noche).

El libro de Proverbios advierte sobre los peligros de la pereza (véase Proverbios 6:9-11; 19:15; 20:13; 31:15).[18] Entonces, en verdad hay un principio sabio escondido en el consejo de levantarse temprano, pero en ninguna parte de la Biblia dice exactamente a qué hora debo levantarme. Y si alguien me dijera que para ser piadosa necesito levantarme a determinada hora, estaría añadiendo algo a la ley, y eso está claramente prohibido en la Escritura (véase Deuteronomio 4:2; 12:32).

En 1 Pedro 3 la Escritura otorga instrucciones para las esposas que están casadas con esposos desobedientes. Se las anima a que, aunque sus esposos no escuchen sus palabras, aún tienen un camino de testimonio: sus vidas piadosas.

> Asimismo vosotras, mujeres, estad sujetas a vuestros maridos; para que también los que no creen a la palabra, sean ganados sin palabra por la conducta de sus esposas, considerando vuestra conducta casta y respetuosa. Vuestro atavío no sea el externo de peinados ostentosos, de adornos de oro o de vestidos lujosos, sino el interno, el del corazón, en el incorruptible ornato de un espíritu afable y apacible, que es de grande estima delante de Dios. Porque así también se ataviaban en otro tiempo aquellas santas mujeres que esperaban en Dios, estando sujetas a sus maridos; como Sara obedecía a Abraham, llamándole señor; de la cual vosotras habéis venido a ser hijas, si hacéis el bien, sin temer ninguna amenaza. I PEDRO 3:1-6

Sin embargo, este pasaje se ha sacado de contexto y se ha interpretado de distintas maneras que van desde "las mujeres deberían ser vistas pero no escuchadas" hasta "las mujeres nunca deben usar joyas." Se les enseñó a las mujeres que deberían tener una *voz* amable y silenciosa, que no es lo que establece el pasaje. Por el contrario, el pasaje es una palabra de esperanza para la mujer, para aquella que se ríe con timidez y para aquella cuya risa llena toda la habitación; para aquella que es tímida y no quiere dar su opinión y para aquella que tiene opiniones que se siente más que contenta de compartir. Les da esperanza a las mujeres de que la obediencia de sus seres queridos no depende de la capacidad de la esposa para manipular a su esposo mediante palabras o vestidos, sino del Señor, el Único en quien depositan su confianza.

> No es la intención de Pedro prohibir que una esposa le hable sobre el evangelio a su esposo, después de que él haya expresado su falta de interés en el mismo o haya mostrado oposición. Su punto es que ella tiene otro recurso a su disposición, que Dios puede usar en vez del testimonio hablado para atravesar la dureza del corazón de su esposo. El verdadero asunto no es si ella le habla acerca de su fe (o si usa joyas), sino la actitud con que lo hace. De hecho, en general, si él ve en ella la belleza interna de un espíritu afable y apacible.[19]

Estas son las buenas noticias: el Señor puede utilizar la hermosa confianza que tiene la mujer en Él como una forma para instruir a sus seres amados. No depende de nosotras encontrar las palabras exactas que decir, aunque este pasaje no prohíbe que hablemos. Cuando descansamos en el Señor para que complete su obra (con o sin nosotras) es el momento en que nuestro adorno más bello se vuelve visible. Este adorno, que Él llama "muy precioso", es el siguiente: nuestra confianza en su gracia y su poder.

Dios no ama a la mujer apacible más que a la bulliciosa; Dios no ama a la mujer que no usa maquillaje más que a la que se viste de punta en blanco. Cuando se trata de las mujeres que Él ama, sus bendiciones no dependen de la "feminidad" como la define nuestra cultura. No nos ganaremos el amor de Dios por el hecho de evitar emitir nuestras opiniones, más de lo que podríamos ganárnoslo al decirles a todos los que conocemos lo que pensamos.

A las mujeres extrovertidas se las ha hecho sentir que son menos piadosas que sus hermanas introvertidas, cuando la verdad es que ni la timidez ni la amabilidad son fundamentalmente características santas. Cualquiera de las dos puede ser usada para nuestra propia protección o exaltación; asimismo, ambas pueden ser usadas por el Señor para cumplir su obra a través de nosotras, en la medida en que descansamos en su habilidad para transformar las vidas. Nada de lo que hagamos puede hacer que Él nos ame más de lo que ya nos ama.

Si X hace a Dios feliz, ¡entonces X+Y lo harán muy feliz!

Cuando malinterpretamos la Biblia, cuando agregamos cosas, la contextualizamos, no la leemos cuidadosamente o nos equivocamos al momento de reconocer el tipo de literatura que es, nos enredamos en los lazos que siempre genera el error.[20] Un sinnúmero de mujeres ha tenido la conciencia destruida y aterrorizada por haber aplicado mal un pasaje de la Biblia. Una de las formas más comunes de malinterpretar la Escritura es cuando suponemos que si X es una buena orden, entonces X+Y debe de ser aún mejor.

El siguiente es un ejemplo obtenido de las respuestas a mi pregunta sobre "cosas insólitas" de Facebook. Muchas personas que contestaron dijeron que les habían dicho que, para ser piadosas, ellas y sus familias debían comer solamente comida orgánica. Vivo en California del Sur, también conocida como "la sede de los alimentos orgánicos", así que entiendo esa clase de presión. Así funciona el principio "Si X es bueno, entonces X+Y es mejor" en este caso. X= Dios nos ordena cuidar de nuestros cuerpos y estar saludables (deducción obtenida de Éxodo 20:13 y 1 Corintios 6:19-20).[21] Por lo tanto, si Dios estuviese contento por nuestra alimentación sana, entonces, si somos muy saludables al completar X+Y, eso hará a Dios aún más feliz.[22]¿Correcto?

Por favor, no me malinterprete. Si tiene la tendencia y los recursos para comprar en negocios donde venden alimentos saludables, hágalo, mientras que al mismo tiempo sienta la misma libertad en su conciencia de comprar en almacenes con descuentos sin pensar que ha pecado o que Dios de alguna manera se ha decepcionado de usted. Preocuparse por comer pollos que han sido criados en cautiverio no debería atacar lo que Lutero llama "el reino de la conciencia",[23] porque todos los alimentos y las leyes referentes a los mismos están destinados a la destrucción (véase 1 Corintios 6:13; Colosenses 2:21-23; Hebreos 9:9-10). La siguiente es la perspectiva de Pablo acerca de la libertad que tenemos en Cristo:

> Porque uno cree que se ha de comer de todo; otro, que es débil, come legumbres. El que come, no menosprecie al que no come, y el que no come, no juzgue al que come; porque Dios le ha recibido… Cada uno esté plenamente convencido en su propia mente. ROMANOS 14:2-3, 5.

La preocupación de Pablo es que no juzguemos a otros por lo que comen, en nuestro caso, si son alimentos orgánicos o no. Y nos anima a no buscar nuestro bienestar en el consumo de brotes de soja o atorándonos con papas fritas y un cuarto kilo de helado en la cena. Simplemente, eso no nos hace más o menos santas.

El tipo de alimentos que elegimos comer es una decisión personal que tenemos la libertad de tomar. Jesús dejó esto claro cuando dijo: "Nada hay fuera del hombre que entre en él, que le pueda contaminar; pero lo que sale de él, eso es lo que contamina al hombre. …¿No entendéis que todo lo de fuera que entra en el hombre, no le puede contaminar, porque no entra en su corazón, sino en el vientre, y sale a la letrina? Esto decía, haciendo limpios todos los alimentos" (Marcos 7:15, 18-19).

¿Le quedó claro? *Jesús declaró todos los alimentos ceremonialmente limpios.* Eso significa que tenemos la libertad de elegir los alimentos que comemos y que eso no afecta en lo más mínimo nuestro comparecer delante de Dios. Por supuesto, probablemente nos sintamos mejor y vivamos más tiempo si no comemos pastelitos fritos todo el día, y probablemente tengamos más energía para hacer nuestro trabajo y cumplir con nuestro llamado si nos ocupamos de nuestros cuerpos y salimos del sofá para hacer una caminata de vez en cuando. Sin embargo, conformarse exteriormente con los ideales de nuestra cultura con respecto a la salud y la belleza es completamente inútil si lo hacemos solamente con la idea de agradar a Dios. Si fuera así, Arnold Schwarzenegger sería la persona favorita de Dios en todo el planeta.

Conozco demasiado bien el llamado de alerta "Si X es bueno, entonces X+Y es mejor." Siempre me han dicho, y todavía lo creo, que obtenemos bendición al leer la Biblia todos los días. Estoy agradecida de vivir en una época y en un país en el cual las Biblias están a disposición, y tengo varias de las distintas versiones de la Escritura en mi teléfono, en mi tablet, en mi computadora y, por supuesto, en papel. En términos generales, dedico un tiempo cada día para leer al menos una porción de la Escritura hasta que, finalmente, leo un libro completo en su contexto.

Sin embargo, este es el problema: demasiadas veces he escuchado que necesito leer determinada cantidad de capítulos por día o que debería hacer todo lo posible para leer la Biblia entera en un año para agradar a Dios. Aunque crezco y soy bendecida a través de la lectura de la Biblia, no existe ningún lugar en la Escritura donde se establezca con exactitud la cantidad de capítulos o versículos que deberíamos leer por día o por año.

El hecho es que hasta que Gutenberg desarrolló la imprenta e imprimió la primera Biblia en la década de 1450, muy pocas personas tenían su propia copia. En la antigüedad, muy pocas personas vieron los manuscritos bíblicos, y los únicos que tenían permitido leerlos eran los líderes religiosos. Durante siglos, la mayoría de los manuscritos bíblicos eran escritos en latín y los mantenían guardados en las iglesias. Pasaron muchos años antes de que los textos estuvieran disponibles para el público general e, incluso entonces, muchas personas (especialmente mujeres) eran analfabetas. La Biblia misma no fue dividida en capítulos y versículos hasta el siglo XVI. Incluso en la actualidad, algunos creyentes, especialmente aquellos que se encuentran en países en desarrollo o en los que la iglesia se encuentra en persecución, nunca han sostenido un Nuevo Testamento completo, mucho menos una Biblia, durante el transcurso de su vida. Pero Dios no está sentado en el cielo con el ceño fruncido, triste porque no tacharon de su lista de tareas diarias una cierta cantidad de versículos.

Este es otro ejemplo en el cual hemos hecho parte de nuestra cultura el mandato de estudiar la Palabra de Dios en un Estados Unidos del siglo XXI y hemos asumido que nuestras normas

Durante mucho tiempo estuve obsesionada con ser una mujer perfecta y sumisa para mi esposo. Creía que eso era ser "una mujer noble" según la Biblia, y por eso me obsesionaba por no incomodarlo y por intentar ser la mujer perfecta que preparaba la cena, limpiaba la casa, y tenía sexo con él en cualquier momento. Intentar ser perfecta se convirtió en mi ídolo, y nos privó tanto a mi esposo como a mí de obtener oportunidades de crecimiento. Ahora estamos intentando modificarlo.

LA HISTORIA DE *una mujer*

son las normas de Dios. Hemos añadido tantas reglas específicas acerca de la lectura de la Escritura al mandamiento general de Dios de amar su Palabra, que hace que la madre exhausta que se queda dormida mientras trata de continuar con la lectura al mismo tiempo que cuida de su recién nacido y de su pequeño niño, suponga que el Señor está decepcionado con ella. Ella se olvida de la verdad de que Él la ve y sabe por lo que está pasando, y que se regocija en su deseo de amarlo y conocerlo. La culpabilidad que ella siente opera en su contra, al hacerle sentir que Dios no está conforme con ella y al robarle el deseo de estar cerca de Él.

Multiplicadores de leyes

La práctica de añadir reglas a los principios generales o crear reglas más específicas que las que establece la Biblia no es algo nuevo; comenzó en el jardín del Edén, cuando tanto Satanás como Eva distorsionaron el mandato de Dios acerca del árbol del conocimiento del bien y del mal. El mandato de Dios era simple: "De todo árbol del huerto podrás comer; mas del árbol de la ciencia del bien y del mal no comerás; porque el día que de él comieres, ciertamente morirás" (Génesis 2:16-17).

Solo un capítulo después, esa criatura odiosa, la serpiente, vino a tentar a Eva al plantearle que la ley incluía algo más que solamente el árbol prohibido. Él dijo: "¿Conque Dios os ha dicho: No comáis de todo árbol del huerto?" (Génesis 3:1). Satanás ya comenzaba a hacer que las reglas parecieran irrazonables, e intentaba que Dios quedara mal visto. ¿Cómo se suponía que iban a vivir si no podían comer de ningún árbol? Sin embargo, Dios no dijo que no podían comer de *ningún* árbol. Así que, Eva lo corrigió: "Del fruto de los árboles del huerto podemos comer" (versículo 2). Pero luego Eva hizo mal uso del mandato de Dios, y lo amplió para que incluyera una prohibición más: "ni le tocaréis" (versículo 3). ¡Pero el Señor nunca dijo eso! Satanás insinuó que las reglas de Dios eran demasiado grandes; Eva argumentó que sus reglas no eran lo suficientemente grandes. Ambos estaban equivocados.

Por mucho que quisiéramos acusar a Eva en este caso, es fácil ver cómo agregó su propia regla "beneficiosa" a la ley de Dios. Su razonamiento debió de haber sido algo como esto: Si X= no deberías comer del árbol del conocimiento del bien y del mal, entonces, ciertamente X+Y= no deberías tocarlo tampoco. Si X es bueno, entonces X+Y debe ser incluso mejor ¿Correcto? ¡Por supuesto que no! Porque tan pronto como Eva comenzó a agregar reglas al mandato de Dios y a hacer la ley más estricta de lo que realmente era, pecó. Quizás se preocupó: ¿Qué pasa si accidentalmente toco el árbol prohibido? ¿No sería injusto que el Señor me matara si solo lo rozara? ¿Y qué pasa si un poco de polen cae en mis pies cuando camino al lado del mismo? ¿No sería mezquino *por su parte matarme por ello?*

Entonces cuando Satanás comenzó a blasfemar contra el carácter de Dios al decirle a Eva que Dios le estaba reteniendo algo bueno, y que comer del árbol realmente le traería entendimiento, Eva no tuvo que dar un paso tan grande para comer de él y compartirlo con su esposo, quien había estado ociosamente ahí parado, escuchando toda la conversación.

Sé que puede parecer contradictorio, pero cuando tratamos de crear reglas más estrictas, que son más amplias en alcance o más específicas que las leyes de Dios, en realidad estamos abriendo la puerta al pecado y al fracaso ¿Por qué? Porque añadir a la ley de Dios no la hace más fácil de obedecer; hace que sea más difícil de seguir de lo que realmente es. Creemos que añadir a la ley la hará más manejable, pero estamos terriblemente equivocadas.

Si, por ejemplo, su propia regla es planchar rápido las camisas, entonces, cuando no pueda hacerlo (por cualquier motivo), comenzará a quejarse en su corazón acerca de las personas que la hicieron desviarse de sus buenas intenciones. Se preguntará por qué su esposo tiene tantas camisas para planchar y por qué él no consigue un trabajo que le permita a usted enviarlas a la tintorería. Y hablando de limpieza, se preguntará por qué su esposo todavía no ha limpiado el garaje como prometió. Finalmente, incluso empezará a quejarse acerca del Señor mismo y de sus demandas sin sentido.

No poder cumplir con los agregados humanos a las reglas de Dios produce culpa, y la culpa nunca produce una obediencia agradecida. La culpa siempre abre una brecha en nuestros corazones entre nosotras y Dios. La culpa hace que nos escondamos de Él y que busquemos hojas grandes para cubrir nuestros errores aún mayores. La culpa hace que seamos indiferentes y temerosas porque el miedo y el desamor siempre van de la mano.

> En el amor no hay temor, sino que el perfecto amor echa fuera el temor; porque el temor lleva en sí castigo. De donde el que teme, no ha sido perfeccionado en el amor. Nosotros le amamos a Él, porque Él nos amó primero.
> 1 JUAN 4:18-19

El temor que experimentamos cuando fallamos no genera el amor que necesitamos para poder obedecer. La verdadera obediencia debe ser generada por el amor, y el amor ocurre solo en los corazones que han sido acogidos por el conocimiento del amor de Dios por infractoras de la ley como nosotras.

Volvamos al ejemplo acerca de levantarse temprano a la mañana o leer cierta cantidad de versículos por día. Incluso si logramos aparentemente estos objetivos, levantarse a las cinco de la mañana todos los días durante dieciséis años seguidos y leer cuatro capítulos de la Biblia por día, va a llegar el día en que ya no podamos hacerlo. O (esto es incluso peor) podremos lograrlo todos los días pero entonces nos sentiremos orgullosas de nuestro trabajo y no tendremos compasión hacia los "holgazanes" que no se levantan antes de las nueve de la mañana y que no abren la Biblia ni una sola vez. Esa falta de amor por aquellos que son débiles es de lo que Jesús hablaba cuando amonestó a los multiplicadores de reglas, los fariseos:

> Los sanos no tienen necesidad de médico, sino los enfermos. Id, pues, y aprended lo que significa: Misericordia quiero, y no sacrificio. Porque no he venido a llamar a los justos, sino a pecadores, al arrepentimiento.
>
> MATEO 9:12-13

Las personas que tontamente creen que tienen todas sus disciplinas espirituales resueltas, que suponen que son capaces de obedecer todos los mandamientos (y luego otros más), tienen un serio problema para ser misericordiosos con aquellos que se encuentran en luchas. De hecho, fue la adherencia de Jesús al verdadero significado de la ley y su desprecio por los agregados de los fariseos lo que generó que lo odiaran. ¿Recuerda la respuesta que le dieron a Jesús cuando sanó a un hombre que tenía una mano seca en el día de reposo? Así contestaron los aparentemente justos: "Y salidos los fariseos, tuvieron consejo contra Jesús para destruirle" (Mateo 12:14). ¿Por qué? Porque confiaban en sí mismos; estaban orgullosos de su propia rectitud y, como resultado, veían a todos los demás (especialmente a aquellos que no cumplían con sus reglas y tradiciones) con desprecio (véase Lucas 18:9-14).

Cuando añadimos información a la ley, o la hacemos más específica de lo que realmente es, vamos camino al fracaso. Nuevamente, eso no significa que deberíamos evitar el consejo útil de las personas a nuestro alrededor. Solo necesitamos asegurarnos de que nunca elevemos ese consejo humano al mismo nivel de los mandamientos de Dios.

Nunca debemos llamar a algo impuro si Él lo purificó; nunca debemos multiplicar las reglas en un intento por hacernos más "santas."

No es una máquina expendedora cósmica

Aquí es cuando el asunto nos toca más de cerca. A veces no solo se trata de que aplicamos mal la Escritura o de que nos enseñan malas interpretaciones sobre ciertos pasajes. A veces el problema proviene desde dentro de nuestro corazón. Necesitamos hacer una autoevaluación sincera para determinar si estamos dependiendo de alguna buena obra, cualquiera sea la misma, para ganarnos la bendición de Dios.

Por ejemplo, si cree que educar a sus hijos en casa automáticamente le asegurará que ellos siempre la amarán a usted y que seguirán a Dios, está esperando demasiado de su trabajo. No digo que la enseñanza en casa no sea una buena opción para su familia; digo que todos sus esfuerzos humanos no alcanzarán para transformar el corazón de una persona. La realidad es que no podemos transformar nuestros propios corazones, y mucho menos el de otro. Eso es algo que sólo el Señor puede hacer.

Dios no es una máquina expendedora cósmica. Él no exhibe una fila de botones que se encienden cuando hacemos el esfuerzo correcto. Pero aunque esta idea es contraria al evangelio, muchos cristianos creen que si colocamos la moneda exacta, Dios está obligado a bendecirnos con una vida próspera.

Este es el mismo error que creyeron los "consoladores" de Job. Estaban convencidos de que cosas buenas les suceden a las buenas personas y que cosas malas les suceden solamente a las malas personas. Esto es lo que Elifaz quiso decir con: "Como yo he visto, los que aran iniquidad y siembran injuria, la siegan" (Job 4:8). Otro amigo llamado Zofar emitió la siguiente acusación contra Job: "Que la alegría de los malos es breve, y el gozo del impío por un momento… como su estiércol, perecerá para siempre" (Job 20:5, 7).

Estas palabras suenan como si fueran correctas... al menos con respecto al principio del karma; pero sabemos que no son verdad. Está claro desde el principio del libro que Job no estaba sufriendo porque no era recto, sino porque era particularmente recto y el Señor quiso mostrarle con orgullo la fe de Job a Satanás, quien había estado blasfemándolo. La Escritura deja claro que la mentalidad de "pagar con la misma moneda" de los amigos de Job y su perspectiva de "todo vuelve" era deficiente. Esta es la reprimenda de Dios para ellos:

> Mi ira se encendió contra ti y tus dos compañeros; porque no habéis hablado de mí lo recto, como mi siervo Job... Y mi siervo Job orará por vosotros; porque de cierto a él atenderé para no trataros afrentosamente, por cuanto no habéis hablado de mí con rectitud, como mi siervo Job. JOB 42:7-8

Si Dios no es una máquina expendedora cósmica y no existe una ecuación que garantice que la obediencia es igual a bendiciones, entonces ¿cómo *debemos* pensar acerca de sus leyes? Se resuelve de la siguiente manera: no podemos comprender la ley sin entender la gracia.

La ley y la gracia

En el Antiguo Testamento, Dios explicó detalladamente su ley para vivir en comunión con Él, junto con las bendiciones de la obediencia y las maldiciones que acarrea la desobediencia. Le dijo a su pueblo que tendrían grandes bendiciones en la tierra que Él les dio, si obedecían fielmente todos sus mandamientos. Formalizó y resumió sus instrucciones morales en Éxodo 20, donde se

LA FUENTE DE LAS *malas noticias*

¿De dónde provienen las malas noticias para las mujeres?

(Las siguientes respuestas fueron recopiladas de grupos de debate.)

- La competencia entre las mujeres.
- Una misma, compararme con otras mujeres.
- Los medios de comunicación.
- Las redes sociales, las personas solo publican lo bueno.
- El ámbito laboral y la presión de desempeñarse mejor.
- Algunos pastores conservadores y líderes cristianos.
- La Escritura (ya sea interpretada correcta o incorrectamente).
- Las conferencias que hacen énfasis en la maternidad.
- Pinterest (¡Mire todas las cosas maravillosas que podría estar

detallan como los Diez Mandamientos para nosotros. Las bendiciones por la obediencia y las maldiciones por la desobediencia se detallan en Deuteronomio 28. Sin embargo, por supuesto que el pueblo de Dios fracasó en su obediencia.

Verá, su problema de obediencia no era algo que pudieran resolver con buenas intenciones o con esfuerzo. Nunca iban a poder superar su dificultad con la ley porque tenían un problema de corazón. El Señor manifestó que tenían un "prepucio" en sus corazones que necesitaba ser arrancado. Eran tercos y desobedientes por naturaleza, y la única manera en que podrían alcanzar victoria sobre el pecado era si Dios hacía algo por ellos que nunca pudieran hacer por sí mismos.

haciendo!), Facebook (¡Mire qué feliz que es su familia!), Instagram (Compararme con otros).

- Mujeres cristianas bien intencionadas.
- Libros, predicadores y blogs cristianos.
- El enemigo.
- Mi propio corazón.

LAS *buenas noticias*

[El Señor] No ha hecho con nosotros conforme a nuestras iniquidades, ni nos ha pagado conforme a nuestros pecados. Porque como la altura de los cielos sobre la tierra, engrandeció su misericordia sobre los que le temen. Cuanto está lejos el oriente del occidente, hizo alejar de nosotros nuestras rebeliones.

SALMO 103:10-12

"Circuncidad, pues, el prepucio de vuestro corazón, y no endurezcáis más vuestra cerviz." (Deuteronomio 10:16). Espere... ¿Qué? ¿Cómo se suponía que harían eso? En cierta forma, este mandato es análogo a las palabras de Jesús a Nicodemo cuando le dijo que tenía que "nacer de nuevo." La respuesta de Nicodemo fue muy apropiada: "¿Cómo puede un hombre nacer siendo viejo? ¿Puede acaso entrar por segunda vez en el vientre de su madre, y nacer?" (Juan 3:4). Si vemos la ley de Dios como algo que podemos cumplir, entonces no la estamos entendiendo bien. La única manera de que el pueblo de Israel pudiera vencer su terca desobediencia era con un cambio en su naturaleza. Su vieja naturaleza, su carne, tenía que ser arrancada por el Espíritu de Dios;

no podían hacerlo por sí mismos y tampoco podemos hacerlo nosotras. Alguien tiene que presentarse y hacerlo por nosotras… ¡y la buena noticia es que Él ya lo hizo!

En caso de que no esté convencida de que, como Israel, no somos capaces de circuncidar nuestros propios corazones, nacer de nuevo y cambiar nuestra propia naturaleza, detallamos las palabras misericordiosas y llenas de gracia del Señor hacia su pueblo desobediente:

> Y circuncidará Jehová tu Dios tu corazón, y el corazón de tu descendencia, para que ames a Jehová tu Dios con todo tu corazón y con toda tu alma, a fin de que vivas.
> DEUTERONOMIO 30:6

¿Cómo respondería el pueblo a su ley? Dios ya sabía lo que harían, antes de que les diera la tierra:

> Porque yo les introduciré en la tierra que juré a sus padres, la cual fluye leche y miel; y comerán y se saciarán, y engordarán; y se volverán a dioses ajenos y les servirán, y me enojarán, e invalidarán mi pacto… Porque yo conozco lo que se proponen de antemano, antes que los introduzca en la tierra que juré darles.
> DEUTERONOMIO 31:20-21

Todas las leyes de la Escritura, las instrucciones del Antiguo Testamento, los mandamientos resumidos por Cristo en el Nuevo Testamento (véase Mateo 22:37) y todas las obligaciones establecidas en las Epístolas, nos han sido dadas por una razón fundamental: para dejar claro a nuestros corazones duros, orgullosos y demasiado presumidos que no podemos lograrlo. La ley también existe para que seamos agradecidas por el cumplimiento perfecto de la ley que realizó Cristo en nuestro lugar. Finalmente, existe para mostrarnos la manera en que deberíamos obedecer con agradecimiento y amar a Dios y a nuestro prójimo.

Sin embargo, a estas alturas debería ser obvio que obedecer la ley no es algo que podamos hacer por nosotras mismas. Cuando se trata de comparecer delante de Dios, obedecer la ley no influencia en nada su bendición en nuestras vidas. Como escribió Martín Lutero en su comentario sobre el libro de Gálatas: "Dios no deja de cumplir sus promesas debido a nuestros pecados… ni las apresura por nuestra rectitud y méritos. Él no presta atención a ninguna de las dos cosas."[24] En otras palabras, no nos ganamos las bendiciones que Él prometió cuando vamos completando nuestra lista de tareas.

Dejar el consejo de madre en el lugar que corresponde

Como ya lo he dicho, estoy agradecida por los consejos que he recibido de mujeres durante todos estos años; sin embargo, todas esas recomendaciones para una buena vida necesitan ser analizadas cuidadosamente y mantenidas fuera del reino de mi conciencia. Experimentaremos gozo y libertad cuando aprendamos a reconocer las leyes que se han ampliado demasiado o que se han hecho demasiado específicas. Asimismo, si recordamos que Jesucristo ya cumplió la ley de Dios, al obedecer en nuestro lugar y después morir por nuestra desobediencia, creceremos en el deseo de amarlo y de vivir para Él, no por obligación, sino por agradecimiento por su misericordia.

Así que, planche esas camisas… ¡o no! Coma panqueques libres de gluten con bayas de Acai… ¡o no! Levántese a las 4:17 de la mañana para hacer su devocional… ¡o no! El Señor le ha dado la libertad de buscar servirlo de cualquier manera en que Él le haya encomendado. Y luego, en todas aquellas cosas en que fracase, Él también le otorga su rectitud.

Preguntas PARA REFLEXIONAR Y DEBATIR

1. Martín Lutero escribió: "La insensatez del corazón humano es tan grande que en este conflicto de conciencia, en el que la ley ha hecho lo que se supone que hace, no solamente nos aferramos a la doctrina de la gracia, la cual nos promete el perdón de los pecados por causa de Cristo, sino que buscamos más leyes para satisfacer nuestra conciencia."[25] ¿De qué manera ha sido engañado su corazón, en su búsqueda de más leyes para poder satisfacer su conciencia?

2. ¿Cuáles son algunas de las reglas "multiplicadas" que ha escuchado, que supuestamente harían que usted agrade más a Dios?

3. ¿Qué reglas ha adoptado que le molestan e inquietan en este momento? ¿Son estas reglas bíblicas o han sido añadidas a la Escritura?

4. ¿De qué manera cambiaría su perspectiva si se diera cuenta de que cuando Dios la mira, ve el registro de Cristo de obediencia perfecta? ¿De qué manera cambiaría la forma en que ve sus propios fracasos?

5. Resuma lo que ha aprendido en este capítulo en cuatro o cinco oraciones.

CAPÍTULO 4

CUANDO *las* REGLAS *nos* DEFINEN

RECIENTEMENTE PREDIQUÉ en una conferencia para mujeres y luego recibí un correo electrónico de una de las mujeres que asistió. Ángela se identificó con mi mensaje sobre el evangelio de la gracia y me envió esta historia acerca del proceso que atravesó desde las reglas hacia la libertad:

> Desde temprana edad aprendí a fingir que todo estaba bien. Cuando fui creciendo, había muchos conflictos en casa y nada estaba bien; sin embargo, mi familia siempre fingía que lo teníamos todo resuelto. Decidí que no viviría de esa manera cuando creciera y algún día me casara. Me sujetaría a mi esposo, sea lo que fuere que eso significaba, y no discutiría con él.
>
> Era una niña muy agradable, que siempre intentaba ganarme la aprobación de los demás. Aprendí a ser una buena farsante. Como estaba tan decidida a evitar

el conflicto, tomé todas mis decisiones basándome en lo que otras personas pensaban que debía hacer. Intentar ganar su aceptación significaba trabajar, y trabajar.

Este patrón peligroso me llevó a que me casara con un hombre que tenía bien claro lo que quería de una mujer, y yo me transformé en el tapete de entrada que le daba la bienvenida a todos sus caprichos. Tan sólo después de unas pocas semanas de matrimonio me di cuenta de que nunca podría cumplir con las demandas del tirano con el que me había casado. Sentí que estaba fracasando y me volví depresiva.

Creía que eso era lo que quería; alguien que me dijera qué hacer y que luego me festejara: "Buen trabajo, hiciste justo lo que te pedí." Así, pronto descubrí que cuando en una relación se juntan un tirano y un tapete de entrada, el resultado se traduce en toda clase de abusos.

Cuando quedé embarazada, pensé: *Las cosas mejorarán ahora, tendré a alguien más por quien vivir. Puedo desenfocarme de mi miserable matrimonio y dedicarme a mi bebé.* Pero todavía seguía siendo consciente cuando ella nació, y me sentía atascada en una vida de la cual no podía escapar. No solamente eso, sino que no quería que mi pequeña creciera en el mismo círculo abusivo que yo estaba sufriendo.

Tres meses después de que mi hija naciera, huí para salvar mi vida. Ahora estoy casada en segundas nupcias con un hombre que ama a Jesús y que se ocupa de mi hija como si fuera suya. Sin embargo, nunca podré deshacer el dolor que atravesamos junto con mi hija durante aquellos años inestables.

Donde sea que vayamos, somos confrontadas con reglas, pasos, listas y consejos aparentemente benignos que funcionan como una ley mortal. Para algunas de nosotras, como Ángela, la presión de cumplir con esas expectativas imposibles de realizar puede hacernos sentir como si nuestro bote de repente volcara; para otras, se siente como si tuviese una pequeña pérdida. De cualquier manera, luchamos para mantenernos a flote, y cada vez estamos más cansadas.

Cuando llevo a mis nietos a los parques de juegos siento mucha compasión por las mamás que están allí con sus hijos. Ya no existe más aquella época en que una madre cansada podía llevar a sus hijitos al parque a hamacarse durante algunas horas, mientras que ella se relajaba y disfrutaba un poco de la luz del sol (y con suerte no se quedaba dormida), como yo solía hacer. Hoy en día, las demandas que tienen las madres han crecido exponencialmente.

Antes de que un niño pueda entrar en el área de juegos, la madre tiene que desinfectar cada superficie. Tiene que estar atenta a los juegos del parque que no se mantienen conforme a las normas, a la comida con alto contenido de jarabe de maíz de alta fructosa y de los posibles predadores. Y cuando se trata de los cochecitos y de los vehículos de recreación que utilizan los niños, bueno, digamos que he considerado volver a la universidad para obtener un diploma en ingeniería para poder armarlos y desarmarlos para mis nietos. Las mujeres tratan de crear un ambiente completamente seguro (libre de muerte) en un mundo maldecido por el pecado y lleno de muerte, y eso es agotador.

Las madres también sienten la presión de asegurarse de que sus hijos aprendan y crezcan, tanto académicamente como socialmente; ya no existen los momentos de juegos simples y sin planificar.

Malos consejos QUE RECIBEN LAS MUJERES

¿Cuáles son las cosas más insólitas que les dicen a las mujeres que tienen que hacer para ser más piadosas?

(Las siguientes son respuestas reales a la pregunta que publiqué en Facebook.)

- Nunca estés en desacuerdo con otras personas, especialmente con tu esposo.
- ¡Siempre, siempre, obedece la ley!
- Sólo escucha música cristiana.
- Sólo lee libros cristianos (o libros con una moral cristiana dominante).
- Sólo ten bebés por parto natural. Educa a tus hijos en casa. Come alimentos orgánicos.
- Siempre sujétate, seguido de una severa definición de esa palabra.
- Nunca bebas cerveza, vino o cualquier bebida con alcohol (incluso si lo haces con moderación).
- Realiza tus compras en *Hobby Lobby*, no en *Michaels*, ya

Se espera que las madres inscriban a sus hijos en clases de danza, en clases de música y en programas de mejora de lectura, a la edad más temprana posible para que no se atrasen. Su día entero tiene que estar reglamentado y programado minuto a minuto.

Bajo el rótulo de sabiduría y el uso apropiado del tiempo, es una buena idea proteger a los niños de los peligros reales y ser deliberadas con respecto a las actividades en las que se involucran. Es lógico que no quiera permitir que el humo del cigarrillo entre que escuchan música cristiana en el primero.

- No asistas a clases de yoga en el gimnasio.
- No permitas que los niños se expongan a personajes de Disney.
- Santidad significa que tienes que votar de cierta manera.
- Santidad significa que tienes que boicotear los lugares que apoyan los derechos de los homosexuales.
- Debes permanecer con un esposo aunque sea abusivo, incluso si te sientes amenazada.
- Cuando tus hijos se comportan de mala manera, deberías poder citarles versículos (o que ellos te los reciten).

LAS *buenas noticias*

[Jesús dijo] Venid a mí todos los que estáis trabajados y cargados, y yo os haré descansar. Llevad mi yugo sobre vosotros, y aprended de mí, que soy manso y humilde de corazón; y hallaréis descanso para vuestras almas; porque mi yugo es fácil, y ligera mi carga.
MATEO 11:28-30

en los pulmones de su hijo, y que no quiera que la pequeña Fiona mastique las heces de gato que se encuentran en el arenero. Por otro lado, cuando los gérmenes, los rayos UV, la autoestima y el humo de cigarrillo se convierten en una obsesión, nos alejamos de lo que enseña la Escritura. Estas reglas significan mucho para nosotras; se han vuelto demasiado importantes. En lugar de traernos paz, causan separaciones, grupos cerrados, disensiones y divisiones.

Nuestras leyes nos definen

Ya sea que nos demos cuenta o no, nos definimos a nosotras mismas mediante las reglas o leyes que seguimos. Tendemos a estar con personas que comparten los mismos valores que nosotras. Una de las maneras principales en que construimos nuestra identidad, y respondemos a la pregunta "¿Quién soy?" es a través de listas, pasos y leyes. Cuando decimos que tenemos mucho en común con alguien, no solamente queremos decir que compartimos los mismos intereses, también significa que obedecemos reglas similares. Tendemos a tener una definición limitada de lo que significa ser una "buena cristiana" y no nos damos cuenta de que nuestra definición podría ser completamente diferente a la que tiene otra mujer cristiana, que es amada por Dios tanto como nosotras.

Si se pregunta si usted se define a sí misma por sus propias listas, la siguiente es una prueba rápida: ¿Tiene amigos que tienen valores distintos a los de usted? Por ejemplo, ¿tiene amigos que votan de manera diferente, o que acatan reglas distintas con respecto al alcohol, o que toman decisiones diferentes con respecto a la educación de sus hijos? ¿Alguna vez se encuentra diciendo cosas como: "¡Nunca haría algo como lo que hizo ella! Podría llegar a hacer X, pero nunca haría Y"? O quizás ha dicho: "¡No puedo creer que les deje comer eso a sus hijos!" o "Qué increíble, ¡ella nunca debería haber visto esa película!" o "¿Puedes creer que haya publicado esa foto en Facebook?" Es cierto que no debemos unirnos con los incrédulos (véase 2 Corintios 6:14); sin embargo, debemos dar cierto margen para aquellas áreas donde la Escritura está abierta a interpretación y donde los cristianos pueden disentir legítimamente (véase Romanos 14:1-12).

Entonces, si estas reglas que nos consumen no se encuentran en la Escritura, ¿de dónde provienen? Muchas de ellas nos son impuestas por nuestros padres y durante nuestra crianza. Asimismo, las obtenemos de otros miembros de la familia o de nuestros amigos. A veces las obtenemos de libros o de Internet. Luego está el reportero o la niñera de las noticias, que nos dice cómo vivir al informarnos sobre otro estudio financiado por los contribuyentes. Su reporte comienza con una advertencia como esta: "Un estudio realizado a 2.500 niños que comen golosinas en el almuerzo todos los días muestra..." Para cuando terminaron el informe, tenemos por lo menos un ladrillo más para agregar a nuestra mochila, que ya se encuentra repleta de consejos sobre lo que debemos hacer para ser buenas madres.

No importa el origen de estos valores, ya que una vez que una regla se arraigó en nuestros corazones, es casi imposible quitarla, especialmente si va acompañada de alguna clase de recompensa o amenaza de castigo. Si creemos que Dios se agrada cuando acatamos reglas nos resultará difícil abandonarlas sin sentirnos culpables y sin temer que algo malo nos ocurrirá si no cumplimos con las mismas.

La razón por la cual nos definimos mediante reglas es que todas somos, por naturaleza, legalistas. Amamos las reglas; nos hacen sentir seguras y bajo control, y nos ofrecen una forma de aprobarnos a nosotras mismas y de alcanzar la perfección. Sin embargo, tenemos un serio problema: también somos, por naturaleza, infractoras. Eso significa que, aunque nos sintamos orgullosas por mantener ciertas reglas, somos irremediablemente inconsistentes. Cuanto más inconsistentes seamos, más nos esforzaremos para ser consistentes, y querremos pedalear cada vez más rápido y esforzarnos cada día más.

Aun así, siempre fallaremos. Mientras que nos miremos a nosotras mismas en busca de seguridad, aprobación y perfección, nuestra conciencia nunca se callará. Nunca nos sentiremos libres de la tiranía de las reglas hasta que Cristo haya sido coronado Rey de nuestras vidas, hasta que Él haya deshecho todos nuestros esfuerzos de perfección, autoprotección y autojustificación. Solamente existe una forma de que las infractoras como nosotras alcancemos la perfección: cuando la vida perfecta de Él vive por nosotras.

Las leyes que quebrantamos

El Evangelio de Juan registra una conversación que Jesús mantuvo con la mujer inmoral de Samaria. Nos ofrece un sorprendente ejemplo de la manera en que nos inclinamos a definirnos por la ley, incluso aunque no la cumplamos.

En esta historia, una mujer, de la cual no se menciona su nombre, fue a sacar agua del pozo de Jacob durante la tarde. La mayoría de las mujeres de su tiempo habrían sacado agua en la mañana, y el hecho de que ella estuviera ahí por la tarde implica que no se relacionaba con otras mujeres, quienes cumplían con las leyes respecto a los hombres y a la decencia. Quizás esta mujer había sido excluida por ellas, o quizás se había excluido a sí misma. En cualquiera de los casos, no tenía amigas con quienes caminar hacia el pozo y es evidente que su comunidad la había apartado.

Pero Jesús no sintió rechazo por su mala reputación:

> Vino una mujer de Samaria a sacar agua; y Jesús le dijo: Dame de beber. Pues sus discípulos habían ido a la ciudad a comprar de comer. La mujer samaritana le dijo: ¿Cómo tú, siendo judío, me pides a mí de beber, que soy mujer samaritana? Porque judíos y samaritanos no se tratan entre sí. JUAN 4:7-9

Piénselo bien: una mujer inmoral estaba cuestionando a Jesús acerca de las reglas. Había tenido cinco esposos y no se había casado ante la ley con el hombre con el que vivía en ese momento. Elizabeth Taylor bien podría haberle dado lecciones sobre un buen matrimonio a la reina Isabel. Sin embargo, esta mujer cuestionó a Jesús acerca de sus leyes para la adoración:

> Le dijo la mujer: Señor, me parece que tú eres profeta. Nuestros padres adoraron en este monte, y vosotros decís que en Jerusalén es el lugar donde se debe adorar.
>
> JUAN 4:19-20

Los samaritanos no creían que necesitaran subir a Jerusalén para adorar a Dios, como los judíos. En su lugar, adoraban en el Monte Gerizim, un monte local donde históricamente mezclaron la adoración de Jehová con los ídolos.

Entonces, ¿por qué querría esta mujer, una infractora y una samaritana, hablar con Jesús acerca de las reglas? Creo que se dirigió a ese asunto porque las reglas son un tema seguro para debatir. "Somos alérgicos a la gracia. Nos resistimos a ella. Como esta mujer, buscamos maneras de evitar a Jesús" y su llegada a nosotros.[26] Conversar sobre "las reglas correctas" es uno de nuestros temas favoritos, especialmente si queremos desviar el foco de nuestros fracasos personales. Podemos sentirnos tentadas a señalar con el dedo a la mujer samaritana, pero nosotras hacemos lo mismo. Nos escondemos detrás de nuestras reglas y las utilizamos para que nos hagan sentir superiores a los demás. Asimismo, nos desvían del foco de nuestra imperfecta manera de cumplir con las reglas y del malestar inherente de la gracia. Nos hacen pensar que si tan sólo encontramos las reglas correctas que debemos seguir, vamos a estar bien. Por supuesto, estamos equivocadas.

Cuando los discípulos regresaron a Sicar con el almuerzo para el Señor, quedaron asombrados de que Él estuviera ensuciando su reputación al conversar con una mujer samaritana inmoral. No sabían con quién estaban tratando, y tampoco lo sabemos nosotras.

Jesús es el único que nunca se definió a sí mismo por reglas que no podía cumplir. En lugar de esclavizarse con reglas hechas por hombres, Él rompió con toda barrera cultural; estaba más interesado en entablar relaciones que en cumplir puntillosamente con las reglas y tradiciones humanas. De hecho, se relacionó con infractores con tanta frecuencia que provocó que los religiosos lo despreciaran, ya que ellos construían su identidad basándose en reglas.

Jesús se relacionó con prostitutas, glotones, recaudadores de impuestos y borrachos, pero nunca se convirtió en uno de ellos. Ya que su identidad estaba arraigada en su relación con el Padre, y no en conformarse externamente a la ley, no estaba preocupado por contaminarse con el pecado de las personas. Nunca construyó muros entre sí mismo y los pecadores porque su santidad era suficientemente amplia como para transformar a los transgresores de la ley en cumplidores de la misma.

El amor que mostró Jesús por los transgresores también tuvo un efecto duradero en otras personas. Después de su ascensión, Pedro y Juan volvieron a Samaria, esta vez no para juzgar, sino para llevar las buenas nuevas a los samaritanos:

> Y ellos, habiendo testificado y hablado la palabra de Dios, se volvieron a Jerusalén, y en muchas poblaciones de los samaritanos anunciaron el evangelio. HECHOS 8:25

El mensaje falso más grande que recibí acerca de cómo convertirme en la mujer que Dios quiere que sea, y quizás el que más me lastimó, fue que debía ser autosuficiente. En los años en que he sido cristiana, he tenido la impresión de que no debería necesitar nada ni a nadie, o al menos que debería poder ocuparme de mis propias necesidades. No debía depender de otras personas que me ayudaran; y por mucho tiempo, esto incluía a Dios. Decía que lo necesitaba para obtener la salvación, pero viví por muchos años bajo la creencia de que cuanto más creciera en Cristo y me transformara en una mujer cristiana madura, iba a necesitar menos de Dios. Debía intentar pecar menos para que mi mundo estuviera bajo control, hasta que finalmente llegara al punto en que ya no lo necesitara más a Él en mi vida diaria. Estoy comenzando a entender, sin embargo, que nunca dejaremos de necesitar a Dios ni dejaremos de depender de Él. Es la gracia la que nos salva y la gracia la que nos cuida.

LA HISTORIA DE *una mujer*

Estos discípulos, que antes habían encontrado su identidad en la ley que los separaba de los samaritanos, habían sido transformados. Habían aprendido a amar; encontraron su identidad en el Único que podía cumplir la ley de manera perfecta. Habían aprendido a verse a sí mismos como lo que realmente eran: pecadores comunes y corrientes que fueron amados por un Hombre perfecto.

Derribando muros

En los primeros años de la Iglesia se suscitó un debate entre los discípulos. La cuestión era si los gentiles que habían aceptado a Cristo estaban obligados a obedecer las leyes ceremoniales de Israel. Los discípulos de origen judío, que habían basado su identidad en la ley durante toda su vida, debieron de haber vivido ese tiempo como realmente confuso y aterrador.

Imagínese pensar durante varias décadas que tenía que hacer ciertas cosas para agradar a Dios, y luego darse cuenta de que Dios ya estaba complacido con usted, solamente como resultado de su propia fe. Todos esos años en que ellos intentaron seguir las reglas no los habían beneficiado para nada. Luego comprendieron que Dios también les había mostrado su favor a los gentiles, al darles la bienvenida sin prerrequisitos, solamente a través de su fe en Él. ¡Eso sí que es que tu mundo quede trastornado!

Como buen hebreo, Pedro había construido su identidad en base al cumplimiento de las leyes alimentarias del Antiguo Testamento (véase Levítico 11). Así que, cuando Pedro tuvo una visión en donde el Señor le decía "levántate... mata y come" varios animales (Hechos 10:13), como reptiles y aves (que habría sido considerado algo prohibido por las normas judías), Pedro objetó: "Señor, no; porque ninguna cosa común o inmunda he comido jamás" (versículo 14).

Las leyes que acataba Pedro le hacían creer que merecía un favor especial de parte de Dios. Pensaba que Dios se agradaba de él porque no comía jamón; sin embargo, estaba equivocado. Es cierto que Dios lo amaba, pero no era por lo que comía. Y una gran novedad en ese momento, ¡Él también amaba a aquellos que comían cerdo! Dios estaba a punto de enseñarle una lección poderosa a Pedro, una lección más amplia que las reglas acerca de qué clase de alimentos podía comer.

El Señor le dijo: "Lo que Dios limpió, no lo llames tú común" (Hechos 10:15). Además de que dejara de lado las leyes alimentarias del Antiguo Testamento, el Señor también quería enseñarle que las leyes que Pedro creía que lo hacían superior a otros eran ineficientes para alcanzar la bendición de Dios. Dios declaró que los gentiles eran bienvenidos en su mesa, que todos eran valiosos para Él. Quería tener una relación con todos, y esa relación estaría basada en el cumplimiento perfecto de la ley que había completado su Hijo y en la fe de su pueblo en Él, no en su determinación de mantener un hogar alimentado a base de comida kosher.

Dios sabía que mientras Pedro se definiera a sí mismo por las reglas, nunca podría amar a sus hermanos y hermanas gentiles; siempre los menospreciaría. Tenía que comprender que Dios no lo amaba porque cumplía con las reglas al pie de la letra. El Señor lo amaba por su gracia gratuita, la gracia que Pedro necesitaba tanto como los gentiles.

Antes de que el Señor le abriera los ojos a Pedro, él creía que era "inmoral" "juntarse o acercarse a un extranjero" (Hechos 10:28). ¿De dónde había obtenido esa idea? No de Dios. Era una tradición humana, un típico caso de "Si X es bueno, entonces X+Y debe de ser mejor." Los israelitas querían obedecer el mandamiento de no adorar dioses ajenos o de no casarse con mujeres extranjeras que los llevaran a adorar ídolos, y entonces crearon reglas extra acerca de asociarse y comer con extranjeros. La ironía es que, al hacerlo, transgredían los mandamientos acerca de amar al prójimo y de mostrar generosidad a los extranjeros. Pero X+Y hacía que se sintieran seguros, con derecho y extra santos.

Cuando el Señor le ordenó a Pedro "mata y come", Dios estaba derribando el muro que había separado a los judíos y a los gentiles, el muro que los religiosos habían levantado para sentirse superiores a todos los demás. En Efesios 2 Pablo habla acerca de la hostilidad entre los judíos y los gentiles:

> Pero ahora en Cristo Jesús, vosotros que en otro tiempo estabais lejos, habéis sido hechos cercanos por la sangre de Cristo. Porque él es nuestra paz, que de ambos pueblos hizo uno, derribando la pared intermedia de separación, *aboliendo en su carne las enemistades, la ley de los mandamientos expresados en ordenanzas,* para crear en sí mismo de los dos un solo y nuevo hombre, haciendo la paz, y mediante la cruz reconciliar con Dios a ambos en un solo cuerpo, matando en ella las enemistades.
> EFESIOS 2:13-16 (énfasis añadido)

¿Cuál era la pared intermedia entre los judíos y los gentiles? La misma que crea hostilidad entre nosotras y los demás: las listas de tareas, las leyes, las reglas y los pasos que elevamos como si fueran lo más importante. Sin embargo, esas reglas que inventamos con el esfuerzo de obtener el favor de Dios solamente generan que nos apartemos de los demás. Como cristianas, nuestra definición no tiene que ser a partir de reglas, sino por el Único que cumplió con la ley en nuestro lugar y luego murió por nosotras mientras todavía éramos transgresoras.

Donde encontramos nuestra identidad

Saulo (llamado Pablo más adelante) también estaba orgulloso de cumplir con las reglas. Su fidelidad a las tradiciones de la nación y de la religión definía su identidad y le hacía odiar a todos los que buscaban una relación con Dios de una forma distinta que la de las tradiciones de los fariseos. En sus cartas a las primeras iglesias describe su vida antes de su encuentro con Cristo:

> Tú conoces todas las costumbres y cuestiones que hay entre los judíos... Mi vida, pues, desde mi juventud, la cual desde el principio pasé en mi nación, Jerusalén... conforme a la más rigurosa secta de nuestra religión, viví fariseo... Yo ciertamente había creído mi deber hacer muchas cosas contra el nombre de Jesús de Nazaret; lo cual también hice en Jerusalén. Yo encerré en cárceles a muchos de los santos, habiendo recibido poderes de los principales sacerdotes; y cuando los mataron, yo di mi voto. Y muchas veces, castigándolos en todas las sinagogas, los forcé a blasfemar; y enfurecido sobremanera contra ellos, los perseguí hasta en las ciudades extranjeras.
> HECHOS 26:3-5; 9-11

> Porque ya habéis oído acerca de mi conducta en otro tiempo en el judaísmo, que perseguía sobremanera a la iglesia de Dios, y la asolaba; y en el judaísmo aventajaba a muchos de mis contemporáneos en mi nación, siendo mucho más celoso de las tradiciones de mis padres.
> GÁLATAS 1:13-14

¿Cuál era el problema de Saulo con el cristianismo? Amenazaba su supuesto lugar de superioridad de un hijo que obedece las reglas. Toda la identidad de Pablo consistía en su fastidiosa ejecución de las reglas, de modo que el Señor tuvo que derribarlo de su caballo y cegarlo antes de que se dispusiera a abandonar su identidad de autojustificación y su lealtad a sus propias reglas.

LOS *sentimientos de culpabilidad* QUE PONEMOS SOBRE NOSOTRAS MISMAS

¿De qué se siente culpable?

(Las siguientes respuestas fueron recopiladas de grupos de debate.)

- Pasar tiempo con mis amigas cuando debería estar con mi familia.
- Dedicar tiempo para mí misma.
- No cocinar comidas de verdad.
- Gastar dinero en mí misma (no siento que lo merezca).
- No poder satisfacer las necesidades de los demás.
- Buscar ser independiente, cuando debería estar dispuesta a aceptar ayuda.
- No mantenerme en contacto con mi familia extendida.
- Olvidar devolver llamadas y correos electrónicos.
- No ahorrar dinero o invertirlo sabiamente.
- Malgastar mi juventud y sentir que no tengo nada que ofrecer.
- Deseos sexuales.
- Pecados pasados.
- No estar preparada por adelantado para la semana entrante.
- No ajustarme al presupuesto.
- No ser suficiente para mis hijos y para mi esposo.
- Equivocarme una y otra vez.
- No agradar a otras personas.
- Comer demasiado azúcar.

- Necesitar demasiada gracia.
- Enviar a los niños alimentos poco saludables.
- Gastar demasiado dinero en verduras.
- Tener sobrepeso.
- Gritarles a mis hijos.
- Querer tener algún tiempo para mí, lejos de mis hijos.
- No ser la esposa perfecta, la empleada perfecta, la cristiana perfecta, la vecina perfecta, la súper mujer perfecta.
- Tener la casa desordenada.
- No cumplir con las expectativas de las personas.
- Sentir celos de los demás.
- No hacer lo suficiente durante el día.
- No apreciar los pequeños momentos del día con mis hijos.
- No tener hijos.
- No estar más disponible para mi esposo.
- No leer lo suficiente la Biblia y no orar lo suficiente.
- No leerles a mis hijos lo suficiente.
- No crear suficientes recuerdos con nuestros hijos.
- No hacer el suficiente ejercicio.
- No ser suficiente.

LAS *buenas noticias*

Mas Dios muestra su amor para con nosotros, en que siendo aún pecadores, Cristo murió por nosotros. Pues mucho más, estando ya justificados en su sangre, por él seremos salvos de la ira.

ROMANOS 5:8-9

Más adelante, Pablo sería el vocero más importante de la gracia, pero solo después de que entendiera que su aceptación y su rectitud conforme a la ley no tenían valor. En su carta a los Filipenses, Pablo escribió: "Aun estimo todas las cosas como pérdida... y lo tengo por basura, para ganar a Cristo" (Filipenses 3:8).

Pablo sabía que aunque se había enorgullecido de la obediencia externa a la ley, en realidad no la había obedecido, al menos no de corazón, como demandaba la ley (véase Romanos 2 y 7). No fue hasta que tuvo un encuentro con el Cristo resucitado cuando Pablo se vio a sí mismo como realmente era: un pecador necesitado de la justificación que no podía obtener a partir de sus propios esfuerzos, así como lo somos nosotras.

¿De qué deberíamos jactarnos?

Más adelante en la vida de Pablo, después de que aceptó el perdón gratuito y la justificación otorgada por el Señor, también él fue perseguido por los grupos religiosos cumplidores de la ley. En Corinto, algunos decían que no era realmente un apóstol; decían que su "presencia corporal (era) débil, y la palabra menospreciable" (véase 2 Corintios 10:10).

En respuesta, la mayor parte de la carta de 2 Corintios fue escrita en defensa del ministerio que Cristo le había otorgado.

Sin embargo, Pablo se defendió de una manera inusual: remarcó la obra que Dios había realizado a través de su sufrimiento y debilidad. Pablo rehusó ser arrastrado por una guerra de jactancia con sus detractores, a menos que se pudiera jactar de sus debilidades. Simplemente rehusó involucrarse en la locura de tratar de aprobarse a sí mismo, o de probar su valor delante de las personas. Él dijo: "Porque no nos atrevemos... a compararnos con algunos que se alaban a sí mismos; pero ellos, midiéndose a sí mismos por sí mismos, y comparándose consigo mismos, no son juiciosos" (2 Corintios 10:12).

¿No es impactante que el hombre cuya identidad una vez logró ser su carta de presentación hubiera sido tan transformado por la gracia como para catalogar de insensatez la búsqueda del elogio de uno mismo?

El deseo de presumir de nuestros logros, especialmente ante nosotras mismas, está arraigado en nuestros corazones. Miles de años atrás, el profeta Jeremías habló sobre este deseo universal:

> No se alabe el sabio en su sabiduría, ni en su valentía se alabe el valiente, ni el rico se alabe en sus riquezas. Mas alábese en esto el que se hubiere de alabar: en entenderme y conocerme, que yo soy Jehová, que hago misericordia, juicio y justicia en la tierra; porque estas cosas quiero, dice Jehová. JEREMÍAS 9:23-24

Tomémonos un momento para autoevaluarnos. ¿De qué se jacta usted? ¿Se jacta de sus habilidades, de su sabiduría, de su hermosa casa o de sus talentos maternales? ¿Qué le otorga seguridad y confianza al final del día? ¿Se contenta consigo misma porque tiene sus patos teológicos alineados o porque está involucrada en toda clase de causas nobles?

Si somos tentadas a jactarnos de algo, podemos seguir el ejemplo de Pablo y jactarnos de nuestras debilidades. No puedo pensar en algo que sea más contracultural que eso. En lugar de presumir (incluso en nuestros corazones) de nuestra superioridad, nuestros grandes logros o nuestro trabajo diligente, vemos que el patrón establecido en la Escritura es jactarnos de nuestras "debilidades, para que repose sobre [nosotras] el poder de Cristo" (2 Corintios 12:9).

Me parece que el propósito de los pasos, las listas y los malos consejos que recibimos es superar cualquier sentimiento de debilidad. Ese mensaje es popular porque no queremos parecer débiles delante de nosotras mismas, o frente a los demás. Hemos olvidado la verdad que Pablo conocía: "Porque cuando soy débil, entonces soy fuerte" (2 Corintios 12:10).

La palabra del Señor para usted y para mí es simple: no se jacten de nada que hagan o tengan. Jáctense solamente de la verdad de que son amadas por el Señor, quien descargó su justa ira en el Salvador y las revistió de su rectitud. No busquen alabarse a sí mismas porque "no es aprobado el que se alaba a sí mismo, sino aquel a quien Dios alaba" (2 Corintios 10:18). Y la verdad realmente asombrosa, pero frecuentemente pasada por alto, es que el Señor ya la alaba. No por aquellas cosas que piense que son admirables, sino por causa del Hijo que Él ama.

La ley del amor

Jesús resumió toda la ley en estas palabras:

> Amarás al Señor tu Dios con todo tu corazón, y con toda tu alma, y con toda tu mente. Éste es el primero y grande mandamiento. Y el segundo es semejante: Amarás a tu prójimo como a ti mismo. De estos dos mandamientos depende toda la ley y los profetas. MATEO 22:37-40

Esta es la ley que estamos llamadas a obedecer, la ley del amor, y sin embargo, cuando lo pensamos, es lo único que ninguna de nosotras puede hacer de manera perfecta o con consistencia, sin importar cuánto lo intentemos. Ninguna de nosotras ama a su prójimo como debería; y los pasos, las listas y los consejos que recibimos, sin importar cuán bien intencionados sean, nunca podrán transformar nuestros corazones. De hecho, en realidad este consejo genera que tropecemos y que construyamos muros de separación entre nosotras y nuestros hermanos y hermanas que comen cerdo, que toman vino y que asisten a escuelas públicas.

¿Existe esperanza para nosotras? Por supuesto que sí. Esa esperanza se encuentra en las buenas nuevas:

> *Toda la ley que debe obedecer ya fue obedecida por Jesús en su lugar.*
> *Todos los pecados que ha cometido han sido lavados en su sangre.*

Ahora es libre de todas las listas de tareas, pasos, malos consejos y tradiciones en las que una vez confió para sentirse bien y para sentirse superior a los demás. Es libre para amar a los pecadores porque usted ha sido amada. Es libre para perdonar a los pecadores porque ha sido perdonada. Todos los muros que la separaban a usted de los rebeldes de la calle han sido destruidos. Ahora es libre para verse a sí misma como realmente es y amar a los otros como realmente son. Y todo esto es gracias al amor de Él y a su perfecto cumplimiento de la ley en nuestro lugar.

Preguntas PARA REFLEXIONAR Y DEBATIR

1. Gálatas 2:15-16 dice: "Nosotros, judíos de nacimiento, y no pecadores de entre los gentiles, sabiendo que el hombre no es justificado por las obras de la ley, sino por la fe de Jesucristo, nosotros también hemos

creído en Jesucristo, para ser justificados por la fe de Cristo y no por las obras de la ley, por cuanto por las obras de la ley nadie será justificado." ¿Qué establece el pasaje acerca de los que buscan ser justificados ante Dios? ¿Qué establece el pasaje con respecto a nuestra habilidad de ser justificadas mediante la ley?

2. Aunque Dios le había ordenado a Pedro que no se considerara mejor que los gentiles, él cayó en sus viejas costumbres en Galacia. Ese fue el momento en que Pablo se opuso porque "no andaban rectamente conforme a la verdad del evangelio" (véase Gálatas 2:11-14). ¿De qué manera ha juzgado a otros o se ha separado de ellos porque no seguían las mismas reglas o tradiciones que usted?

3. ¿Se le ocurre alguna forma en la que intenta evitar que los demás vean sus debilidades? ¿Podría decir juntamente con Pablo que se goza en "las debilidades, en afrentas, en necesidades, en persecuciones, en angustias" (2 Corintios 12:10)? ¿Qué piensa acerca de la frase que expresa que usted es fuerte en su debilidad?

4. John T. Pless, autor y teólogo, afirma: "El evangelio no es una receta para la automejora."[27] ¿Qué cree que significa? ¿Cómo respalda la Escritura esta idea?

5. Resuma lo que ha aprendido en este capítulo en cuatro o cinco oraciones.

CAPÍTULO 5

EL ENGAÑO *de la* AUTOPERFECCIÓN

DESDE EDAD MUY TEMPRANA, las personas me decían que tenía dones, pero que también tenía una inclinación hacía el orgullo. Me advirtieron que era algo que tendría que aprender a controlar. Me gustaría decir que tomé ese consejo en serio y que inmediatamente me volví humilde, pero cada vez que trataba de serlo, me daba cuenta de que me enorgullecía de eso, y luego me enorgullecía de tener conciencia sobre mí misma. Hubo momentos en que me daba por vencida y pensaba que mi problema no era realmente el orgullo; que simplemente tenía mucha confianza porque, después de todo, tenía razón. En otros momentos aprendí muletillas que sonaban humildes y las intercalaba cuando hablaba para probar que tenía una actitud de humildad. No ayudaban para nada. Como escribió C. S. Lewis: "Un hombre nunca es tan orgulloso como cuando pretende tener una actitud de humildad."[28]

Me gustaría poder decir que mi lucha contra el orgullo terminó cuando comencé mi caminar cristiano; sin embargo, la verdad es que continué luchando con él durante décadas, y de alguna forma, todavía lo sigo haciendo.

Cuando era una madre joven tuve el privilegio de enseñar en una escuela cristiana. Enseñaba la Biblia, arte, anuario escolar y también daba cursos sobre la economía del hogar a estudiantes de secundaria. Realmente disfrutaba al enseñarles la Biblia a esos jóvenes, y también estaba contenta porque ese trabajo significaba que nuestros hijos obtenían la matrícula gratis. Sin embargo, había un problema: me sentía muy orgullosa del trabajo que hacía.

En una tarde en particular, los padres y estudiantes estaban reunidos para una gala de fin de año. Parte del programa consistía en que el director hablara sobre cada miembro del personal. La sala estaba llena y todos estaban bien vestidos. Estaba segura de que iba a escuchar cosas buenas sobre el arduo trabajo que yo había realizado, pero el director tenía otros planes. Cuando llegó el momento de que hablara sobre mí, hizo bromas acerca de cómo volaban los utensilios de cocina por todos lados y del lío que hacíamos en mis clases de economía del hogar. Cuando miro hacia atrás, estoy segura de que no quiso insultarme, pero como yo era orgullosa y estaba deseosa de escuchar que me alabaran, me sentí insultada, incluso destrozada. Lloré todo el camino de vuelta a casa.

En mi enojo y humillación, consideré renunciar a mi trabajo, y hablé cruelmente acerca de la dirección en general. Mientras que a nadie le gusta recibir críticas, especialmente en público, mi orgullo me había hecho hipersensible a la crítica. Mi reacción exagerada fue la consecuencia de un corazón que confiaba en mi propia bondad y en mis habilidades. Erróneamente creía que mi identidad estaba definida por mi trabajo y por la aprobación del mismo por parte de otras personas. Estaba equivocada.

Desearía poder decir que esa fue la única vez que me sucedió algo parecido, pero no lo fue. La verdad es que continuamente lucho con el deseo de obtener el respeto de las personas. De cierta forma, ese deseo menguó a medida que fui creciendo en el entendimiento de quién soy en Cristo, pero en otras áreas de mi vida todavía está latente. La única forma en que he aplacado ese deseo de aprobación humana es a través del evangelio: ciertamente soy pecadora y tengo imperfecciones, pero también soy amada y bien recibida. No importa realmente lo que otras personas digan o hagan. Dios me ama, incluso en mi quebrantamiento, y eso es todo lo que importa.

Si está buscando el secreto para obtener la perfección para no pecar todos los días, no puedo ofrecerle ayuda alguna. Lo único que aprendí, el único consejo que tengo para ofrecerle, es que usted no debería mirarme a mí ni a ninguna otra persona, sino al Único que la justifica a través de su vida, muerte y resurrección. Asimismo, debería agregar que, aunque creamos en Él, nunca lo seguiremos de manera consistente, perfecta o de todo corazón. Siempre seguiremos esperando secretos o trucos que nos hagan mejores de lo que somos. Este optimismo engañoso está en nuestro ADN, ha estado ahí desde que decidimos tomar la piedad en nuestras propias manos en el Jardín del Edén (véase Génesis 3).

Me he dado cuenta de que existe sólo una forma de salir de esta clase de mentalidad: necesito renunciar a todos mis esfuerzos por ser humilde y arrojarme a la misericordia de Cristo. Lo único que puedo hacer es rendirme a Él en busca de misericordia una y otra vez. Como Lewis dijo una vez: tratar de atacar el orgullo en nuestro propio corazón es como pelear contra Hidra, esa criatura mitológica con varias cabezas; es una guerra en vano, sin final, que estamos destinados a perder. Él describió nuestro aprieto como "una gran profundidad de amor propio y autoadmiración."[29]

O "¡Soy mejor que usted!" o "¡Soy un total fracaso!"

He pasado una gran parte de mi vida entre dos polos opuestos: sentirme superior a los demás y sentirme un completo fracaso. Estos sentimientos fluyen de mi orgullo y de mi habitual creencia de que soy mejor de lo que demuestran mis registros.

Existen ciertas áreas de mi vida en las cuales me he sentido tan orgullosa de mi habilidad para alcanzar los objetivos, que me he vuelto impaciente y cruel con aquellos que no logran cumplir con mis mismos estándares. Existen otras áreas en las que fallo constantemente, y lo sé.

Dios me bendijo con un maravilloso esposo, tres hijos y seis nietos adorables. Mientras escribo este libro, mi madre, que tiene noventa y un años, está todavía entre nosotros. Estas personas queridas son una fuente de bendiciones para mí, pero también son el impulso que ha avivado el pecado más grande de mi vida. Estuve enojada, sentí compasión de mí misma, fui codiciosa, crítica, demandante, egoísta y cruel (al menos en mi corazón) cada día de mi vida. No amé a las personas como debería haberlo hecho, pero esperaba que me amaran fielmente como creía que debían hacerlo. Dije y pensé cosas muy crueles acerca de ellos e incluso, a veces, fueron demasiado horribles. No he sido fiel de manera consistente con ellos. No los amé de manera perfecta. Fui muy demandante con ellos.

Mi esposo trabajó desinteresadamente para proveer para nuestra familia durante décadas, pero no fui tan agradecida con él como debería haber sido. Interpreté su amor fiel y su disposición a servirnos como una debilidad, y le insistía para que fuese más firme y para que hiciese valer sus derechos (léase: mis demandas).

Luego está mi relación con el Señor. He sido bendecida con el conocimiento de su presencia por más de cuarenta años. Me entregó su Palabra, su Espíritu, su perdón y su consuelo. Me regaló su gracia y su misericordia. Me dio un ministerio que va mucho más allá de mis expectativas, y mi familia ha sido bendecida a través de él. He leído los testimonios de miles de mujeres (y hombres) cuyas vidas han sido transformadas por Dios a través de mi trabajo.

Sin embargo... este corazón mío... no confía en Él todavía. Claro que confío en Él en este momento, mientras escribo este material, pero cuando me levanto a media noche, o cuando las cosas no van en la dirección en que creo que deberían ir, no confío en Él. No confío en que Él hace que todo obre para mi bien. No lo creo, así que me quejo. Escuche esto, vivo en San Diego, la única ciudad en todo el planeta que tiene prácticamente el clima perfecto, y me quejo de eso también.

Cuando voy a lo profundo, me doy cuenta de que mi queja está indisolublemente atada a mi orgullo. Pienso que merezco algo mejor, y aunque en voz alta digo que merezco el infierno (una de mis muletillas que suenan a humildad), mi queja deja entrever una imagen distinta de mi corazón. En verdad, creo que merezco el cielo aquí y ahora.

No digo todo esto porque la confesión sea buena para el alma, o porque quiero que usted me diga que realmente no soy tan mala, o porque finjo humildad. Por el contrario, lo digo porque quiero que sepa que lucho de la misma manera que usted lo hace.

Puedo ser alguien que escribe libros y habla públicamente, pero no existe diferencia entre usted y yo, salvo quizás que yo soy mayor que usted y me he cansado más de tratar de probar lo

Malos consejos QUE RECIBEN LAS MUJERES

¿Cuáles son las cosas más insólitas que les dicen a las mujeres que tienen que hacer para ser más piadosas?

(Las siguientes son respuestas reales a la pregunta que publiqué en Facebook.)

- Asegúrate de que tu hogar siempre esté limpio y ordenado.
- No uses joyas o luzcas demasiado bien, porque te volverás orgullosa.
- Si tus hijos desobedecen o tienen una voluntad fuerte es porque no eres una madre piadosa.
- No deberías perder tiempo en Facebook.
- La santidad se refleja en cosas como por ejemplo si tu armario está bien organizado, porque Dios es un Dios de orden.
- El quedarse despierta hasta tarde es egoísta y pecaminoso.
- Nunca duermas más que tu esposo, ni vuelvas a dormirte cuando él se vaya al trabajo.

buena que soy. También le digo esto porque espero liberarla del pensamiento de que Dios sólo utiliza y le sonríe a la gente "buena." Si nunca se lo ha cuestionado, analice las palabras de Cristo a Pedro antes de que lo negara: "y tú, una vez vuelto, confirma a tus hermanos" (Lucas 22:32). Estas palabras prueban que las personas que son orgullosas y débiles como Pedro (y nosotras mismas) pueden ser usadas por el Señor para ayudar a otros. No somos buenas, pero Él nos bendice y nos usa.

Por favor le pido: ¡libérese de todas las reglas que cree que necesita obedecer para ser utilizada por el Señor! Libérese de las

- No uses ropa linda, eso es orgullo.
- No luzcas desaliñada, debes asegurarte de que tu esposo se sienta atraído hacia ti.
- Debes ser atractiva para tu esposo, pero no demasiado como para que parezcas superficial y orgullosa.
- Debes tener un espíritu afable y apacible… pero ser introvertida es una señal de orgullo. ("¡Estoy condenada de cualquier forma!")
- Tienes cáncer porque que tienes pecado sin resolver en tu vida.
- Sirve en la iglesia cuando haya necesidad, incluso si eso significa sacrificar tu vida familiar.
- Tú y tus hijos deben ir de punta en blanco a la iglesia.

LAS *buenas noticias*

Jehová ha apartado tus juicios, ha echado fuera tus enemigo.
SOFONÍAS 3:15

reglas a las que este mundo perverso intenta atarla; libérese de su propio corazón, que multiplica dichas reglas incontables veces. Aunque es cierto que Dios ha obrado en mí y que ha sido fiel para transformarme, permanezco tan dependiente de su gracia y de su misericordia hoy día como hace cuarenta años, y quizás aún más.

"¡Ya lo descubrí! ¡Sea como yo!"

Sólo basta con echar una mirada rápida en una tienda de libros o a algún programa de predicadores populares para darnos cuenta de lo inundadas que estamos de libros y seminarios que transmiten el siguiente mensaje: "Puede ser fabuloso como yo... si sigue mi gran consejo (y compra mi espectacular libro)." Una amiga me comentó hace poco que cuando era nueva en la fe asistió a un seminario donde el predicador compartió que su esposa había leído la Biblia cada día de su matrimonio, sin dejar de hacerlo ningún día, y que su espectacular lectura de la Biblia había sido el secreto de su gran matrimonio. Mi amiga volvió a su casa desanimada, preguntándose si su matrimonio estaba destinado al fracaso.

Este no es el mensaje del evangelio. No fue el mensaje que transmitió el Señor y no fue el mensaje que predicó Pablo. De hecho, Pablo contó todos sus logros religiosos como "basura" (Filipenses 3:8). En lugar de jactarse de cuán bueno era, dio testimonio de sus equivocaciones en la vida cristiana: "Porque el querer el bien está en mí, pero no el hacerlo. Porque no hago el bien que quiero, sino el mal que no quiero, eso hago" (Romanos 7:18-19).

¿No está agradecida por la honestidad que Pablo demuestra aquí? ¿No está contenta de que se haya llamado a sí mismo "el primero" [de los pecadores] (véase 1 Timoteo 1:15)? ¿No está agradecida de escuchar al gran apóstol Pablo decir que su conducta no siempre coincidía con lo que predicaba? ¡Yo sí lo estoy! Piénselo: los autores del Nuevo Testamento casi no hablaron de sus éxitos. Claramente no compartían "consejos útiles para las disciplinas espirituales que ya he superado." Sin embargo, no hicieron silencio con respecto a las buenas nuevas de que Jesús ama y recibe a los pecadores... ¡y ese es el mensaje que necesitamos escuchar!

¿Alguna vez se ha preguntado por qué la Biblia pinta un cuadro tan realista (y desalentador) de los hombres de fe de Dios? ¿Por qué presentar a estos "héroes" de la Escritura con tal honestidad, y exponer todos sus errores para que todos los vean?

Probablemente haya un mensaje para nosotras: Dios ama usar a los pecadores para lograr sus objetivos gloriosos. De esa forma, nadie debería confundirse acerca de quién obtiene la gloria. Somos seres humanos con defectos que sirven a un Dios perfecto: "Palabra fiel y digna de ser recibida por todos: que Cristo Jesús vino al mundo para salvar a los pecadores" (1 Timoteo 1:15).

"Puedo mejorar, ¡realmente puedo!"

Cuando asimilamos el "consejo útil" de nuestros amigos de Facebook o de Pinterest, la niñera de las noticias, los últimos libros de autoayuda "cristianos" o cuando escuchamos a nuestros propios corazones legalistas, existen dos posibles resultados: o nos enojamos con las personas que no se esfuerzan tanto como nosotras, o damos rienda suelta a la desesperación y a la tristeza, al pensar que nunca tendremos éxito.

Todas estas reglas, sin importar su origen, son simplemente herramientas de nuestro enemigo para quitar el foco de Cristo y ponerlo en nosotras mismas. El mensaje de reglas mejores o diferentes no es lo que necesitamos escuchar, porque las reglas no pueden cambiar nuestros corazones. Necesitamos escuchar las buenas noticias de un Hombre perfecto que obedeció la única regla que importaba, la del amor; que arrasó con cada superfluo "consejo para una vida mejor" y que cumplió perfectamente con la ley en nuestro lugar. Lo hizo con un amor perfecto al Padre y a nosotras, su esposa.

Este es el Hombre que se invitó a cenar a la casa de un rico recaudador de impuestos, a quien le dijo estas gloriosas palabras: "Porque el Hijo del Hombre vino a buscar y a salvar lo que se había perdido" (Lucas 19:10). Él es acerca de quien Ezequiel profetizó: "He aquí yo, yo mismo iré a buscar mis ovejas, y las reconoceré"

(Ezequiel 34:11). Él es quien dijo: "Porque no he venido a llamar a justos, sino a pecadores, al arrepentimiento" (Mateo 9:13). No necesitamos escuchar más reglas; necesitamos escuchar más buenas noticias acerca de un Salvador que ama a los pecadores.

Sin embargo, existe un problema: aunque asienta en este momento, incluso si usted de verdad cree las buenas noticias acerca del perfecto cumplimiento de la ley por parte de Jesús en su lugar, todavía no estará convencida de que eso es suficiente, al menos no cuando vea que no puede perder esos malditos siete kilos, cuando sus hijos adoptivos le retribuyan su amabilidad con desprecio, cuando su plan de inversión perdió la mitad de su valor, cuando parece que no puede mantener su matrimonio unido o cuando su conciencia simplemente no deja de decirle lo perdedora que es.

Según el director de un estudio realizado, el mercado de las publicaciones de libros relacionados con la autosuperación en Estados Unidos tiene un valor aproximado de más de once mil millones de dólares.[30] Son miles de millones entregados como una ofrenda a la fe incurable que tenemos en nuestra propia perfectibilidad; una fe incontrolable en nosotras mismas. El credo que confesamos con nuestras vidas es que si simplemente conociéramos los secretos correctos, compráramos los libros correctos, tuviéramos los mentores correctos y nos esforzáramos mucho esta vez, podríamos actuar correctamente.

Aunque sólo fuera eso, esta estadística debería convencernos de que creemos en el poder de "Puedo mejorar, ¡realmente puedo!" ¿Cuántas veces ha comenzado un programa de ejercicios, una nueva dieta o un régimen de lectura de la Biblia o ha hecho una resolución de Año Nuevo, con la sola finalidad de comenzar mejor mañana, el próximo lunes, o el año que viene? Puede utilizar todos los recordatorios electrónicos, programar su teléfono

> Escuché muchos mensajes a lo largo de los años acerca de lo que Dios espera de mí como "la esposa perfecta del pastor." Esto no es algo que me sale naturalmente, porque me siento incómoda en el área social, no puedo hablarles con una sabiduría perfecta a las mujeres, y no me encuentro precisamente entre "las más populares." También debería abrirle la puerta de mi hogar a cada mujer que quiera venir a cualquier hora, y estar dispuesta a dar cualquier cosa que alguien me pida. Si alguien está quejándose de mí o criticándome, debería ser sensible a eso, ya que es la forma que Dios tiene de santificarme. Alejarse de ese tipo de relaciones está visto como falta de humildad o un corazón que no está arrepentido. Es fácil para mí perder de vista la verdad: que sólo Jesús es perfecto, y la única manera que tengo de ser perfecta es aceptar su perfección.

LA HISTORIA DE *una mujer*

para que la despierte quince minutos antes y ya esté abierta la aplicación del plan de lectura de la Biblia, y aun así, apagarlo y volverse a dormir.

Seguramente pueda cumplir con su cometido por un tiempo, pero ¿qué ocurrirá cuando hayan pasado treinta y siete días desde la última vez que leyó la Palabra y no está segura de que pueda afrontar el hecho de empezar otra vez y volver a fallar? ¿Qué ocurre cuando ha estado leyendo regularmente y se da cuenta de que ha releído el mismo pasaje que había leído ayer, sin darse cuenta? ¿Qué ocurre cuando descubre que un ser querido se ha quedado atrás con la lectura, mientras que usted ha perseverado? ¿Qué ocurre cuando ingresa a un sitio web en el que sabe que no debería haber ingresado, o cuando presiona "Enviar" a un mensaje que no tenía intención de enviar y que ya es muy tarde para recuperar? ¿Quién la salvará cuando esté cara a cara con la verdad indiscutible de que todavía no puede salvarse a usted misma; que es la misma usted de antes?

Existen dos posibles destinos cuando comienza la carrera con la frase que dice: "Puedo mejorar, realmente puedo." Sentirá desesperación u orgullo, depresión o enojo, autocomplacencia o desprecio por los demás. No existe otra posibilidad, debido a que la carrera hacia la autoperfección siempre hace que miremos para adentro, y que nos alejemos de nuestra única fuente de ayuda: la misericordia y la gracia de Dios. El fuego del infierno al final de aquel camino está en llamas y presenta miles de millones de mensajes de autoayuda que susurran la mentira de Satanás: "seréis como Dios" (Génesis 3:5). Estos mensajes nos enseñan a confiar en nosotras mismas y en nuestra habilidad para mejorar, mientras que al mismo tiempo nos sofocan con orgullo y desesperación, y en una lucha que se renueva constantemente, que nunca termina, para sentir la libertad sobre nuestro fracaso.

"Mi vida pondré por ti"

Todas conocemos la historia de cuando Pedro negó a Cristo la noche en que lo traicionaron. La declaración orgullosa de Pedro: "Pondré mi vida por ti" (Juan 13:37) podía terminar sólo de una manera: negación y desesperación. La respuesta de Pedro tras negar a Jesús es la leyenda inevitable que está inscrita en cada lápida de las vidas orgullosas que confían en sí mismos: "Y Pedro, saliendo fuera, lloró amargamente" (Lucas 22:62).[31]

Pedro necesitaba aprender una lección, y es la misma que tenemos que aprender nosotras. No fue una lección acerca de cómo creer en sí mismo, o cómo hacerle frente a los vientos de persecución, o cómo ser un amigo fiel, o cómo hacer una buena confesión. Pedro necesitaba aprender una lección de humildad y gracia. En lugar de jactarse de sus propias fuerzas, necesitaba arrojarse humildemente a la misericordia de Cristo. ¿Cuántas veces ha salido y llorado amargamente frente a sus fracasos? ¿Qué le enseñaron esas lágrimas? ¿Le enseñaron a intentarlo aún más? Espero que no.

Todas nosotras hemos negado al Señor, de la misma forma en que lo hizo Pedro. Lo hemos negado tanto en conversaciones tontas como en las importantes, con otras niñas alrededor de la fogata en un campamento y con los agentes de bolsa de este mundo. Lo hemos negado cuando decidimos y en nuestro deseo de tener una buena reputación y autoprotección. Sabemos lo que es sentirse destruida por la culpabilidad porque echamos todo a perder nuevamente. Nos parecemos a Pedro más de lo que quisiéramos admitir.

Sin embargo, existe otra manera de negar al Señor que quizás no consideramos: lo negamos cuando esperamos sentirnos bien acerca de nosotras mismas; cuando trabajamos duro para cumplir con las reglas. No importa lo bien intencionadas que esas reglas sean, si intentamos asegurarnos de que estamos bien y de que Dios se agrada de nosotras porque hemos sido buenas, en realidad estamos *negando a Cristo*. Nuestra búsqueda hacia la autoperfección significa que estamos negando a Cristo porque es *su* trabajo hacernos perfectas y justificarnos. Y cuando intentamos hacerlo por nuestra cuenta, básicamente estamos afirmando que su obra no es suficiente; que no basta.

No solo eso, sino que cuando intentamos justificarnos a nosotras mismas y obtener la autoaprobación porque seguimos todas las reglas, como resultado estamos destinadas a caer en alguna clase de pecado. El siguiente es un ejemplo de cómo podría suceder eso en nuestras vidas. Si piensa que su casa tiene que quedar hermosa para Navidad, así su familia podrá tener buenos recuerdos y usted podrá irse a dormir sintiéndose satisfecha de que ha hecho todo lo que debía, está destinada a caer en el orgullo, porque menospreciará a la vecina que solamente trajo galletas compradas al intercambio de galletas del barrio, o en desesperación, al sentir que usted es un fracaso cada vez que ingresa en Pinterest porque no ha tenido tiempo de hacer decoraciones navideñas con el cartón de huevos.

Tanto el orgullo como la desesperación, como consecuencia, dan origen a otros pecados. Si cree que ya ha hecho todo y se felicita a sí misma por haber colgado cada calcetín navideño cuidadosamente en la chimenea, se enojará cuando sus hijos tiren de ellos cuando intenten sacar los obsequios que tienen dentro en la mañana de Navidad. También juzgará a aquellas mujeres que no hayan comprado los adornos de la chimenea a mitad de precio la temporada anterior, durante las liquidaciones y ofertas que se hacen una vez que pasó la Navidad. Por otro lado, si el regalo que busca es la autoaprobación, cuando se dé cuenta de que ha olvidado ordenar los obsequios de los niños a tiempo, comenzará a reñir con usted misma por todas las veces en que lo ha echado a perder en el pasado, y pensará que su vida es un completo fracaso. Incluso podría "salir fuera y llorar amargamente." Existe un fracaso en esta situación, pero no tiene nada que ver con la planificación de la celebración de Navidad. Es el fracaso de no jactarse de sus debilidades.

No importa qué ley, regla, norma, paso o consejo pensemos que tenemos que cumplir para aprobarnos a nosotras mismas, nunca lo lograremos. Nunca seremos lo suficientemente perfectas o consistentes e, incluso si de alguna forma nos arreglamos para alcanzar nuestro objetivo, nos daremos cuenta, una vez que lleguemos allí, de que aunque creímos que teníamos que dar solamente tres pasos, todavía quedan cinco más por delante.

Cuando creemos que tenemos que cumplir con la ley estamos en las manos de Satanás. Él quiere que creamos que Dios es demasiado demandante y que nunca podremos complacerlo, así que bien podríamos darnos por vencidas. O también le agrada convencernos de que estamos bastante bien después de todo, así que ¿para qué necesitamos un Salvador? Cuando intentamos encontrar justificación a través del cumplimiento de la ley, básicamente negamos la vida, la muerte, la resurrección y la ascensión de Jesús, y esas son malas noticias, demasiado malas.

No se turbe vuestro corazón

¿De qué manera le respondió Jesús a Pedro, aunque sabía que Pedro inevitablemente iba a fallar, a pesar de su declaración de eterna lealtad? ¿Le dio Jesús una lección a Pedro o le dio un folleto acerca de cómo convertirse en un hombre más masculino?

¿Avergonzó a Pedro porque fue débil o le dijo que necesitaba creer en él mismo? No. Jesús se interesaba por el alma de Pedro. Les expresó a Pedro y a sus discípulos las palabras más reconfortantes: "No se turbe vuestro corazón" (Juan 14:1). La siguiente es mi paráfrasis de las palabras de Jesús para sus discípulos seguros de sí mismos, y para nosotras:

LAS *formas* EN QUE *nos mortificamos*

¿Cuáles son algunas de las formas negativas en que responde a los sentimientos de fracaso?

(Las siguientes son respuestas obtenidas de grupos de debate).

- Los mensajes comienzan a resonar en mi cabeza: *Soy estúpida. No soy lo suficientemente paciente. No tengo dominio propio.*
- Me rindo frente a la desesperación y termino creyendo que es demasiado difícil averiguar cómo arreglar las cosas.
- Lloro.
- Me enojo.
- Me decido a esforzarme más, y me convenzo: Lo *voy a resolver.*
- Me pongo a la defensiva.
- Me consume el remordimiento.
- Constantemente me planteo "Y si…"
- Me siento culpable.
- Coloco falsas expectativas de perfección en mí misma para la próxima vez.
- Me doy sermones a mí misma.
- Me deprimo.
- Me siento avergonzada.
- Me pongo hosca.
- Como alimentos que me confortan (especialmente chocolate).
- Me siento desesperanzada, como si no hubiese posibilidad de cambio para mí.
- Siento como si todo estuviese perdido y dejo que mis emociones tomen el control y sean las que manden.
- Holgazaneo.
- Creo que fracasar es lo peor que me puede pasar y no me puedo recuperar de eso.

- Me enojo conmigo misma por no haber aprendido esta lección. Quiero esconder mi fracaso hasta estar segura de que seguiré siendo amada.
- Generalmente respondo dándome por vencida mentalmente, trato de mantener la paz a toda costa.
- Muchas veces como dulces, me voy dormir o me aíslo.
- Busco distracciones momentáneas (comida, TV, redes sociales).
- Albergo esos sentimientos y los repaso una y otra vez y me niego a aceptar el perdón de Dios. Me juzgo a mí misma severamente y pienso que no puedo hacer nada bien, especialmente aquellas cosas en las que debería ser buena.
- Los sentimientos de fracaso me llevan a un círculo de ansiedad y temor, de derrota y vergüenza, y de enojo y remordimiento.
- Respondo con culpabilidad y vergüenza e intento cubrir mis fallas de alguna manera.
- Trato de desempeñarme mejor, para probar que la acusación de fracaso está equivocada.
- Afronto los sentimientos de fracaso mediante distracciones (un mensaje aprendido de nuestra cultura) y con la tristeza (un mensaje de mi propio corazón).
- Vuelvo a pensar en las áreas en las que fracaso con una mentalidad que piensa: "podría haber, pude haber y debería haber".
- Sigo intentándolo.

LAS *buenas noticias*

Acerquémonos, pues, confiadamente al trono de la gracia, para alcanzar misericordia y hallar gracia para el oportuno socorro.
HEBREOS 4:16

> Durante el tiempo más difícil de mi vida, me fallarán. Me abandonarán, me negarán y me traicionarán. Dicen que son mis amigos, pero yo los conozco mejor que ustedes mismos. Sé que me van a dejar. Dejen de intentar probar su valor propio, y sólo crean. Sé que van a pecar contra mí, por eso estoy aquí. Así que no se turben acerca de cómo fallarán. Solo crean. *Crean en Dios; crean también en mí.* Pronto me iré y prepararé un lugar para ustedes donde nunca volverán a fallar y donde nunca nos volveremos a separar. *Volveré y los llevaré conmigo, y estarán donde yo estoy.* Los amo tanto que no quiero estar sin ustedes. VÉASE JUAN 13:38-14:4

Cuando Jesús dijo: "No se turbe vuestro corazón", les estaba recordando a sus discípulos (y por extensión, a nosotras) que no tenían que estar angustiados. No deberíamos "caracterizarnos por... la angustia, la aflicción, el peligro o la necesidad."[32] Pero lo hacemos, ¿verdad? Jesús les había dicho a sus discípulos que los iba a dejar y, aún más, que ellos lo iban a dejar también, así que obviamente estaban angustiados. Estaban seguros de que si Él les daba direcciones claras sobre cómo seguirlo, si les daba un mapa hacia el discipulado exitoso, ellos podrían lograrlo.

Sin embargo, Jesús no les dio un mapa, o un libro de autoayuda, ni siquiera un folleto sobre cómo seguirlo, porque Él iba a un lugar donde ellos no podían ir. De hecho, Él iba a expiar sus pecados. Pero no los avergonzó por sus fracasos, ni los culpó para que intentaran ser más "masculinos" o para que siguieran más reglas. De ningún modo, simplemente les dijo que necesitaban creer.

Esto es lo que expresó:

> Creéis en Dios, creed también en mí. En la casa de mi Padre muchas moradas hay; si así no fuera, yo os lo hubiera dicho; voy, pues, a preparar lugar para vosotros. Y si me fuere y os preparare lugar, vendré otra vez, y os tomaré a mí mismo, para que donde yo estoy, vosotros también estéis... Yo soy el camino, y la verdad, y la vida; nadie viene al Padre, sino por mí. Si me conocieseis, también a mi Padre conoceríais; y desde ahora le conocéis, y le habéis visto. JUAN 14:1-3; 6-7

Los discípulos necesitaban creer que Jesús no los abandonaría, aunque ellos estuviesen a punto de hacerlo. Necesitaban creer que su misión eterna era llevar a los pecadores a vivir con Él en completa bendición para siempre. Necesitaban creer que Jesús estaba construyendo un hogar para sus almas, y que ese proyecto de construcción estaba en sus competentes manos. Necesitaban creer que Él haría todo el trabajo que fuera necesario para poner una sonrisa en la cara del Padre.

Somos como los discípulos, ¿no es así? Somos orgullosas, estamos confundidas y somos débiles y jactanciosas. Pensamos que el Señor nos abandonará a causa de nuestros fracasos, pero estamos equivocadas. Jesús nunca nos recuerda las diecisiete cosas que necesitamos hacer para ser mejores personas. Simplemente nos dice que creamos en Él.

Nada más que agregar

Jesús es el *camino* al Padre. Es "el sacrificio por nuestros pecados y el Mediador del nuevo pacto."[33] Él es el camino hacia todo lo que necesitamos, así que no debemos turbarnos. Él es el camino hacia una relación con Dios, un camino donde Él nos acepta y nos recibe. Él es el camino hacia la libertad de la desesperación y del orgullo. "Si así no fuera, yo os lo hubiera dicho" (Juan 14:2). Crea que Él no miente cuando dice que Él es todo lo que usted necesita. "No se turbe vuestro corazón" (Juan 14:1).

Él es la *verdad*. Esto significa que Él es "la Palabra hecha carne, la última palabra que Dios le habló a su pueblo."[34] No existen más palabras que necesitemos escuchar acerca de cómo agradar a Dios. Jesús lo hizo todo. Si quiere conocer la disposición de Dios hacia usted, vea a Jesús y lo que Él hizo. "Y desde ahora le conocéis [al Padre], y le habéis visto" (Juan 14:7). Esa es su promesa, esa es su obra, eso es lo que Él ya hizo. No hay nada más que necesite agregar. Cuando escuche acerca del amor de Jesús por usted, puede estar segura de que Él representa el amor del Padre también.

Él es la *vida*. Él es la "vida del soberano dador de la vida, el Padre eterno, que otorga la vida ahora y en los tiempos venideros, por la eternidad."[35] Si cree, usted tiene su vida ahora y por la eternidad; pero cuando no creemos, cuando rechazamos la verdad de que Él es todo lo que necesitamos y que Él ya ha hecho todo, realmente lo estamos negando. Pero incluso en ese momento, cuando flaqueamos y dudamos, y pensamos que simplemente necesitamos el libro de autoayuda correcto (¡una vez más!), Él todavía nos ama, nos recibe y provee para nosotras. Ya no necesitamos tener temor de que nos dejará fuera a causa de nuestras fallas. Él las conoce perfectamente y, sin embargo, nos sigue amando. Él lo tiene todo; Él ya lo ha hecho todo.

Libres de corazones afligidos

Todas tenemos corazones afligidos, debido a que se nos ha dicho que existen millones de cosas que debemos hacer para agradar a

Dios (¡y lo creímos!). Esta clase de pensamiento siempre termina haciéndonos sentir orgullosas, enojadas y críticas, o desesperadas, temerosas y escépticas. La única manera de ser libres de este problema de corazón es creer. Podemos creer que Dios es tan bueno, poderoso, sabio y amoroso como dice ser... y de esa manera, finalmente podremos descansar. Podemos aceptar su paz para que nuestros corazones no tengan que turbarse o atemorizarse. Podemos tener un completo descanso al saber que Él ha hecho todo lo que se necesitaba hacer por nosotras (véase Juan 14:27).

El teólogo C. F. W. Walther afirmó: "El evangelio no requiere nada bueno que el hombre deba aportar: ni un buen corazón, ni una buena disposición, ni una mejora de su condición, ni santidad, ni amor hacia Dios o a los hombres... El evangelio inserta el amor en su corazón y lo hace capaz de toda buena obra. No exige nada, pero lo da todo. ¿No debería este hecho hacernos saltar de emoción?"[36] Piense en lo siguiente: el evangelio no exige nada de nosotras y nos lo da todo. Eso significa que finalmente podemos descansar y librarnos de nuestra lucha continua por obtener autoaprobación. El Señor nos ama así como somos ahora... no como podríamos llegar a ser en el futuro. Así que nos podemos relajar en sus manos capaces.

Preguntas PARA REFLEXIONAR Y DEBATIR

1. ¿La alentó o desanimó la confesión de mi pecado de orgullo al principio del capítulo? ¿Por qué?

2. ¿Puede pensar alguna razón por la cual los cristianos deberían ser los pecadores más transparentes del mundo? ¿Qué nos impide ser transparentes?

3. ¿Qué cree que significa jactarse de su debilidad? ¿Lo ha hecho alguna vez? Si lo ha hecho, ¿qué ocurrió? Si no lo ha hecho, ¿por qué no?

4. ¿Con qué lucha más, con la desesperación o con el orgullo? ¿Cómo es esa lucha para usted?

5. ¿Qué quiso decir Jesús cuando les dijo a sus discípulos que tuvieran un corazón libre de preocupaciones? ¿Esto la describe a usted? ¿Por qué o por qué no?

6. Resuma lo que ha aprendido en este capítulo en cuatro o cinco oraciones.

CAPÍTULO 6

¿QUIÉN *es su* DIOS?

CUANDO FUI AL SALÓN DE BELLEZA RECIENTEMENTE, una mujer me contó, con un poco de remordimiento, que no había podido cumplir con su resolución de Año Nuevo. Se había comprometido a limpiar una habitación por día, pero habían pasado diez días del año y ya no había cumplido.

Continuó con su relato: "Pero lo compensaré con un entrenamiento para convertirme en instructora de yoga."

Mientras que se sentía culpable porque no había limpiado su casa de la forma en que hubiese querido, había progresado en otra área. Dudo que agradar a Dios se le haya cruzado por la cabeza. Más bien, como la mayoría de las personas en nuestro mundo secularizado, ella esperaba obtener su propia autobendición.

La mayoría de nosotras sólo quiere mirarse al espejo y sentirse bien con una misma. Perseguimos un sueño evasivo: queremos creer que somos lo suficientemente buenas. La forma en que vivimos tiene más que ver con nuestras propias opiniones, nuestras reglas y nuestra autoaprobación que con lo que cualquier deidad pueda declarar desde lo alto. Como sociedad, vemos el temor a Dios como la trampa de un pasado ignorante, cuando los neandertales pensaban que un eclipse solar necesitaba el sacrificio de un pollo, de una virgen o de un pollo virgen. En general, a nuestra sociedad no le importa mucho tratar de obtener el favor de Dios; de hecho, muchas de nosotras raramente pensamos en su favor.

"¡Hablemos sobre mí!"

Sin embargo, para los cristianos debería ser una historia diferente. Y lo es, al menos en parte. Creo que la mayoría de los cristianos sinceramente queremos agradar a Dios y, sin embargo, de alguna manera no hemos podido establecer la conexión entre la obra de Jesucristo y nuestro propio obrar. En demasiadas iglesias, las maravillosas verdades del evangelio no han sido enseñadas con claridad, así que no somos conscientes de las grandes riquezas que ya nos pertenecen. La mayoría de nosotras sabemos que nuestros pecados han sido perdonados por la muerte de Jesús en el Calvario, pero nunca hemos pensado profundamente acerca de lo que su vida sin pecado y resurrección física podrían significar cuando nos enfrentamos a nuestros propios fracasos.

Cuando vamos a la iglesia, en lugar de escuchar las buenas noticias de que nuestros pecados ya han sido perdonados (absolución) y de que la justicia ya nos ha sido otorgada (justificación), generalmente escuchamos acerca de los tres, cinco o treinta y cinco pasos que necesitamos dar para obtener alguna bendición de parte de Dios. Reconocemos nuestras limitaciones, pero en general las respuestas que proponemos son proyectos de autosalvación. La buena noticia de que la sonrisa de Dios (bendición) ya está sobre nosotras raramente se cruza por nuestra cabeza, si es que alguna vez lo hace. Nos olvidamos de que somos una con su Hijo amado y, por consiguiente, *ya* somos amadas y contadas como perfectas.

El pastor puritano Walter Marshall escribió que la mayoría de los cristianos caen en este "error clave": "Piensan que aunque han sido justificados por la justicia producida únicamente por Cristo, son santificados [cambiados, transformados] por la santidad producida únicamente por ellos mismos."[37]

No obtenemos la sonrisa de Dios por nuestras propias obras después de haber sido salvas, más de lo que lo hacíamos antes de serlo. Aunque coincidamos tácitamente con esta verdad, todavía creemos que existe algo más que debemos hacer para agradar a Dios y ganarnos sus bendiciones.

Ignorar las buenas noticias no es nuestro único problema. En realidad, no creo que ese sea el problema principal. Seguro, algunas de nosotras no podríamos definir la justificación, pero incluso entre las que podemos hacerlo hay una desconexión profunda en nuestros corazones. Escuchamos acerca del perdón y la justificación y sentimos ganas de bostezar. Somos apáticas, nos aburre toda esta charla acerca de Dios. El clamor de nuestros corazones, aunque lo verbalicemos o no, es el siguiente: *¿Justificación? ¡Mi justificación! ¡Hablemos de mí! Por supuesto, Jesús puede haber hecho la obra de hacerme recta delante de Dios, pero ¿qué hay sobre mí? ¡Sólo quiero liberarme de toda esta culpabilidad!*

Somos como el personaje de Bette Midler en la película *Eternamente Amigas,* que dijo: "Pero suficiente sobre mí, hablemos de ti. ¿Qué piensas de mí?"[38] No seremos tan desvergonzadas al respecto, pero prácticamente así es como se alinean las prioridades en los rincones de nuestros corazones. A pesar de que somos amadas y recibidas por nuestro Padre celestial, queremos ver nuestra vida y sentirnos satisfechas de habernos ganado nuestra propia aprobación; queremos sentirnos bien con nosotras mismas, ser libres de toda culpa.

Nuestra preocupación principal no es que no tengamos la aprobación de Dios; es que realmente no nos importa tenerla. ¿Necesita pruebas? ¿Alguna vez pensó: Sé *que Dios me perdona, pero no puedo perdonarme a mí misma*? Aparte del hecho de que el perdonarse a uno mismo no figura en la Escritura, este impulso de buscar estar bien delante de nosotras mismas es una clara indicación de nuestro desinterés sobre la opinión de Dios y una esclavitud a la nuestra. Para la mayoría de los cristianos, la pregunta más urgente no es ¿cómo puedo ser recto delante de Dios?, sino ¿cómo puedo ser recto frente a mí mismo?

Quizás la verdadera pregunta que necesitamos hacernos es: ¿Quién es nuestro Dios? ¿Estamos adorando al único Dios verdadero o nos estamos adorando a nosotras mismas?

Tontamente creemos que Dios es ingenuo, que porque es Dios está obligado a ser bueno y perdonarnos. Después de todo, ¡ese es su trabajo! Así que aceptamos su amable aprobación pero seguimos demandando la nuestra propia. Creemos que nos ha perdonado y que eso es genial, pero su opinión no es la que realmente nos importa, al menos no a las tres de la mañana cuando intentamos apagar el incesante acoso de nuestro esclavo interior.

Pensamos que queremos escuchar un mensaje acerca de nosotras por nosotras mismas, un mensaje que reafirme nuestros corazones y, sin embargo, ningún mensaje de autobendición ("¡Lo bueno que haces realmente sobrepasa lo malo que haces!") o de autoabsolución ("Me perdono a mí misma, ¡cualquiera en mi lugar habría hecho lo mismo!") es lo suficientemente fuerte como para callar esa maldita voz. Y ningún mensaje autoinspirado es lo suficientemente convincente como para hacernos creer que es verdadero.

"Si Jesús es tan genial, ¿por qué no soy feliz?"

Cuando somos motivadas por el perdón a nosotras mismas, la autoaprobación y la autoperfección, nuestra fe se envenena de miseria y culpabilidad. Hacemos de nosotras dioses abominables, y nuestra búsqueda para encontrar el bien delante de nosotras mismas siempre traerá como resultado dificultades en nuestras relaciones e intranquilidad para nuestra alma. Nunca conoceremos la paz o el gozo; nos resultará imposible amar.

Si consideramos los mensajes conflictivos que recibimos acerca de lo que se necesita para ser "suficientemente bueno", no es llamativo que los cristianos estén afectados por la depresión y la ansiedad como lo está la población en general, y que seamos tan propensos como ellos a tomar drogas psicotrópicas.[39] Es imposible mezclar la fe en Dios con la fe en nuestra propia perfectibilidad y no sufrir alguna clase de exabrupto o colapso nervioso en algún momento. Como cristianas, se nos ha enseñado erróneamente que el hecho de tener a Dios en nuestras vidas automáticamente nos hace mejores personas; sin embargo, al mismo tiempo se nos enseña que una vida victoriosa está a nuestro alcance, solamente si seguimos los "pasos secretos." Luego, cuando luchamos con el fracaso, suponemos que debe de haber algo malo en nosotras, algo que no les afecta a los demás por igual. Nos angustiamos cuando no podemos cumplir con las reglas del buen comportamiento que han dispuesto delante de nosotras otras cristianas "exitosas" que pareciera que han llegado a la cima del "Monte de la Perfección" y han plantado las banderas que afirman: "¡Soy realmente genial!" para que todos las vean.

Malos consejos QUE RECIBEN LAS MUJERES

¿Cuáles son las cosas más insólitas que les dicen a las mujeres que tienen que hacer para ser más piadosas?

(Las siguientes son respuestas reales a mi reciente publicación en Facebook.)

- La discapacidad de tu hijo es el resultado de tu falta de fe o de oración.
- Si eres soltera y estás sola, entonces Jesús no representa tu "todo."
- Si tu bebé es consentido es porque lo malcrías o porque estás recibiendo el castigo por tus pecados del pasado.
- Si quieres tener un bebé pero no puedes quedar embaraza, necesitas confiar más en el Señor.
- ¡Confórmate!
- Santidad es vivir en el campo, cultivar tus propios alimentos y tener una gran familia.
- Nunca te niegues a tener sexo con tu esposo.

Asimismo, sufrimos debido a que somos humilladas por la inesperada culpabilidad, la que viene como resultado del reconocimiento del fracaso continuado. Cuanto más creamos en esta mentalidad de "autoperfección a través del cumplimiento de reglas cuasi cristianas", más depresivas y ansiosas estaremos.

Esto ocurre porque la verdadera transformación nunca puede provenir del interior, sin importar lo mucho que lo intentemos. Ya sea que seamos tradicionalistas, y vivamos como los Amish en una pequeña casa en la pradera, o liberales, tatuándonos todo el cuerpo y poniéndonos botas de combate, no podremos aprobarnos a

- Siempre debes estar alegre como madre/esposa/mujer.
- Si sufres de ansiedad o de depresión es porque acoges el pecado y no confías en Dios.
- Haz todo con "excelencia", que se traduce como perfección.
- Si eres la esposa del pastor, debes tocar el piano, liderar los estudios bíblicos de mujeres y participar de todas las funciones de la iglesia.
- Haz lo mejor que puedas, y Dios hará el resto.
- Nunca te hagas un tatuaje, aunque sea uno significativo. Los tatuajes son paganos y no son bíblicos.
- No hables acerca de tu pecado o le dará una mala reputación a Jesús.
- Nunca cuestiones a Dios.

LAS *buenas noticias*

[El Señor dice]: Satisfaré el alma cansada, y saciaré a toda alma entristecida. JEREMÍAS 31:25

nosotras mismas, porque nuestras propias obras son demasiado débiles y defectuosas para transformar nuestra conciencia.

"¡Pero pensé que yo sería diferente!"

Recuerdo que cuando era una niña, oraba a un dios que no conocía para prometerle que mañana no volvería a ser el fracaso que había sido ese día. Al día siguiente me levantaba y presionaba el botón "repetir" y hacía exactamente lo mismo otra vez.

Durante mi adolescencia, me vi envuelta en una vida de drogas, sexo y rock and roll, en una vana búsqueda para acallar mi conciencia. Viví una vida depravada en todas las formas posibles que pudiera vivir una mujer de la década de 1970.

Cuando alcancé la década de los veinte, prácticamente me había rendido a pensar que nunca sería nada más que una perdedora degenerada, así que intentaba anestesiar mi conciencia asistiendo a fiestas y diciéndome a mí misma que estaba bien porque le agradaba a algún chico.

Entonces, por su asombrosa gracia y su generosa misericordia, Cristo me salvó. Nunca olvidaré el maravilloso alivio de la culpabilidad que experimenté en ese momento. Realmente existía un Dios ¡y Él me amaba!

Sin embargo, mi vieja compañera, la culpabilidad, no tardó mucho en acosarme de nuevo, y yo no sabía cómo luchar contra ella. Sabía que pertenecía a Jesús. Creía que Él había muerto por mí, pero todavía era pecadora; y para mi sorpresa, también era débil. No escuché todas las verdades maravillosas de las buenas noticias o, si lo hacía, pensaba que eran para aquellos incrédulos que se sentaban en la última fila.

En poco tiempo, las cadenas de culpabilidad que se habían soltado cuando fui salva ataron mi alma nuevamente. Entonces me esforzaba cada vez más y volvía a dedicar mi vida una y otra vez. Buscaba incesantemente el secreto para sentir libertad del pecado y de la culpabilidad. Hacía las oraciones correctas y leía la Biblia constantemente. Pensaba que estaría bien si me casaba con un hombre respetable. Entonces, comencé a seguir a Phil. Pensaba que estaría bien si tenía hijos y evitaba que pecaran como yo lo había hecho, así que machacaba a mis hijos con la ley todos los días.

Todo eso fue el resultado de mi deseo de ser liberada de mi pecado y de mi culpabilidad. Quería poder mirarme al espejo y saber que estaba bien; sin embargo, nunca pude, no por mis propios medios.

Arrodillarse ante el trono de las reglas

Quizás no nos demos cuenta, pero nuestro deseo de perdón propio, autoaceptación y autoperfección es en realidad una forma de idolatría en nuestra vida. Creemos que nuestra opinión y nuestros propios éxitos son de gran importancia. Adoramos nuestros propios juicios y, al hacerlo, degradamos los de Dios.

La idolatría de la autoadoración no es algo nuevo. En algunos aspectos nos parecemos a los judaizantes de la iglesia primitiva que trataban de que las personas en Galacia añadieran reglas a la gracia que se les había otorgado. Enseñaban erróneamente que las personas necesitaban añadir la circuncisión y las leyes alimentarias a su cristianismo.

¿Le suena familiar? Como aquellos cristianos primitivos, hablamos palabras bonitas acerca de que tenemos la aprobación de Dios mediante el sacrificio de Cristo, pero en realidad pensamos que necesitamos agregarle algo, sólo para estar seguras. Queremos llegar al final del día y aplacar nuestra conciencia al pensar que la culpabilidad que sentimos no la merecemos. Queremos sonreírnos a nosotras mismas.

Eso no es cristianismo. Pablo les escribió fuertes palabras de corrección a los gálatas advirtiéndoles sobre mezclar la gracia con las obras humanas: "Estoy maravillado de que tan pronto os hayáis alejado del que os llamó por la gracia de Cristo, para seguir un evangelio diferente… Pues, ¿busco ahora el favor de los hombres, o el de Dios? ¿O trato de agradar a los hombres? Pues si todavía agradara a los hombres, no sería siervo de Cristo" (Gálatas 1:6; 10).

Pablo estaba "maravillado" de que los gálatas hubieran abandonado tan rápidamente el mensaje de la gracia. La palabra *maravillado* aquí significa que Pablo estaba "extraordinariamente preocupado" por su abandono del Señor y de sus buenas noticias.[40] Nosotras también deberíamos estarlo.

Pablo sabía cómo actuaría este abandono en sus vidas. Sabía que es imposible que alguien viva mediante la autoaprobación, atado a su conciencia, y al mismo tiempo servir a Cristo. Pablo continúa con una declaración acerca de nuestro propio sentimiento de estar bien: si fuera posible ser recto delante de Dios a través del cumplimiento de reglas, entonces "por demás murió Cristo" (Gálatas 2:21). Pablo estaba tan maravillado porque los gálatas se hubieran alejado del mensaje de la gracia que realmente se preguntaba qué brujo les había hechizado (véase Gálatas 3:1). ¿Por qué iban a pensar que ganar su propio mérito delante de Dios (y delante de los demás) sería mejor que recibirlo como un regalo inmerecido? ¿Por qué lo creemos nosotras? Es una locura.

La buena noticia es que los cristianos ya no viven más bajo la ley. Las bendiciones de Dios no dependen de que obedezcamos las reglas. Hemos sido redimidas de la maldición de la muerte. Ya no somos esclavas en la casa de Dios, a la espera de ganarnos su favor y asegurarnos un lugar allí; por el contrario, somos profundamente amadas como hijas adoptadas. Ser hija significa que todos los derechos, privilegios y herencias que eran otorgadas al primogénito hombre de cada hogar están a disposición nuestra (tanto para las mujeres como para los hombres).

Piénselo: si Pablo viera la lista de las cosas que pensamos que tenemos que hacer hoy en día para agradar a Dios, probablemente se arrancaría el cabello y también nos llamaría insensatas. Se preguntaría quién nos había engañado para creer que Jesús no es suficiente. ¿Por qué nos someteríamos a la esclavitud cuando se nos ha otorgado completa libertad? ¿Por qué nos someteríamos nuevamente al "yugo de esclavitud" (Gálatas 5:1)? ¿Por qué escucharíamos la voz de la culpabilidad cuando se nos ha otorgado libremente el perdón?

Creer que Él no es suficiente

Adorar las reglas no es nuestro único problema; también tropezamos con nuestra falta de fe. No creemos que la aprobación de Dios sea suficiente para nosotras; creemos que tenemos su perdón, pero eso no nos satisface, pues queremos perdonarnos a nosotras mismas. En realidad he escuchado a personas decir: "Quiero cambiar para no tener que seguir pidiendo perdón." Parece que hemos olvidado que la debilidad era precisamente de lo que se jactaba Pablo. La realidad es que no creemos que la perfección de Jesús sea suficiente para nosotras. Aceptamos que Él nos ama, pero queremos amarnos a nosotras mismas aún más, y no creemos que su amor sea suficiente para satisfacer nuestros corazones. Queremos algo concreto, algo tangible.

Todos estos son problemas de fe. Nunca hemos entrado en el reposo que se nos prometió mediante la fe en Cristo; todavía vagamos por el desierto y tratamos de ser lo suficientemente fuertes para ganar todas las batallas por nosotras mismas. Si Dios quisiera presentarse y ayudarnos un poco, sería genial, pero básicamente depende de nosotras hacer lo mejor que podamos. Después de todo, "Dios ayuda a quienes se ayudan a sí mismos", ¿no es así?[41] Ignoramos las advertencias del libro de Hebreos, advertencias contra volver a las reglas, contra buscar nuestro bienestar por nosotras mismas y contra apoyarnos en nuestras técnicas de autoperfección y autoengaño.

> ¿Quiénes fueron los que, habiendo oído, lo provocaron? ¿No fueron los que salieron de Egipto por mano de Moisés? ¿Y con quiénes estuvo él disgustado cuarenta años? ¿No fue con los que pecaron, cuyos cuerpos cayeron en el desierto? ¿Y a quiénes juró que no entrarían en su reposo, sino a aquellos que desobedecieron? Y vemos que no pudieron entrar a causa de su incredulidad.
> HEBREOS 3:16-19

Toda una generación de israelitas, aquellos cuyos cuerpos quedaron en el desierto, no creyó que Dios era tan bueno y amoroso como había dicho que era y que su amor era todo lo que necesitaban. Cayeron porque no creyeron que Él realmente los amaba y los cuidaría, y los llevaría a una tierra que fluía leche y miel. Sabían que no merecían su bendición y supusieron que Él era infiel y demandante como lo eran ellos. Pensaron que Él los trataría de la manera que merecían ser tratados, así que vagaron y vagaron y nunca encontraron descanso, hasta que sus cuerpos yacieron en el desierto.

Existen buenas noticias: la promesa del reposo para todos aquellos que creen. Sin embargo, podemos no experimentarlo, especialmente si nuestros corazones están agitados por nuestras propias reglas y porque fracasamos a la hora de obedecerlas. El reposo lo experimentan aquellos que confían y que creen que Jesús fue perfecto en nuestro lugar, que Él obedeció todas las reglas en nuestro lugar, como nuestro representante.

¿Por qué es tan difícil para nosotras creer y entrar en su reposo? Muchas veces es porque creer en Él significa no creer en nosotras mismas. Debemos dejar la falsa confianza que tenemos en nosotras mismas para aceptar la humillación de la Cruz. Dios nos pide

En la universidad comencé a prestar atención realmente a qué clase de mujer quería Dios que fuera. En ese tiempo estaba planificando casarme con un joven muchacho de una iglesia pequeña en la que se requería que la mujer fuera callada y sumisa. El único rol aceptable para las mujeres era que fueran amas de casa y madres perfectas. Yo había sido criada en un entorno controlador, así que ese parecía un buen plan. Más adelante la iglesia decidió que yo no era la mujer indicada para ese muchacho, pero me llevó muchos años dejar atrás ese mensaje acerca de las relaciones matrimoniales y lo que significaba ser "una buena chica." Estoy muy agradecida de haber experimentado el verdadero evangelio: que somos salvos por medio de lo que Cristo ha hecho, no a través de algo que podamos hacer nosotros.

LA HISTORIA DE
una mujer

que creamos que su perfección es suficiente, y que lo creamos una y otra vez, todos los días, hasta que finalmente dejemos de desear nuestra propia aprobación y reposemos.

No creer siempre trae como resultado un estado de inquietud y de intranquilidad, en el intento de encontrar la manera de volvernos mejores; pero no necesitamos vivir de esta forma, pues Él tiene algo mucho mejor en mente. La orden que les dio Jesús a sus discípulos fue la orden de creer en Él (véase Juan 6:29). El único acto de obediencia necesario es simplemente creer que Él se ocupa de nosotras y que lo que Él ya hizo es todo lo que necesita hacerse.

Una promesa y una muerte

Nuestra tendencia a postrarnos ante las reglas y dudar de la perfección de Dios en nuestro lugar no es algo nuevo. Comenzamos a mirarnos a nosotras mismas y a juzgar nuestra aceptación en el Jardín del Edén. Antes de que Adán y Eva pecaran, no sentían la necesidad de cubrir su desnudez. No tenían nada que ocultar. No tenían vergüenza; nunca habían experimentado culpabilidad (véase Génesis 2:25). Nunca se les habría ocurrido que necesitaban algo más que lo que Dios ya les había dado. Estaban ciegos a sí mismos, pero veían al otro y al Señor perfectamente.

Pero entonces decidieron pecar, y "fueron abiertos los ojos de ambos y se dieron cuenta de que estaban desnudos. Cosieron, pues, hojas de higuera y se hicieron delantales" (Génesis 3:7).

¡Maldito el conocimiento del bien y del mal! ¡Maldita la insatisfacción y la culpabilidad! ¡Maldita la incredulidad!

Como mujeres que han vivido sus vidas enteras conscientes de su propia vergüenza, fracaso, culpa y pecado, simplemente no podemos imaginarnos cómo sería vivir una vida libre del conocimiento de nuestra propia desnudez. ¡Qué terrible decisión tomamos ese catastrófico día! En la búsqueda de querer ser más como Dios, nos convertimos en esclavas que buscamos pero nunca encontramos la forma de olvidarnos de nosotras mismas.

Si existiera un objeto que representara la historia de la humanidad desde la Caída, ese sería un espejo. Después de ese momento, dejamos de mirar hacia fuera y hacia arriba; ahora dedicamos todo nuestro tiempo a mirar para abajo y para dentro. Pero gracias a Dios, ¡nuestra historia no termina ahí!

Seguidamente a la Caída, Dios les hizo una promesa a sus avergonzados hijos, y luego los cubrió. Esta fue su promesa: vendría un Conquistador que aplastaría la simiente de nuestro enemigo (véase Génesis 3:15). El enemigo, el que había cuestionado con tanto odio si la bondad y el amor de Dios eran suficientes, no tendría la última palabra, ni saldría victorioso. Todo lo contrario, un Salvador vendría al mundo a través del vientre de la mujer. Eva, la que fue engañada y que trajo destrucción a toda la humanidad, no cargaría con su vergüenza y desnudez para siempre. En cambio, ella sería un vehículo que utilizaría el Señor para asegurarle a la mujer (y al hombre) en todos lados que Él nos ama y que lo único que tenemos que hacer es creer en su promesa y confiar en Aquel que Él nos prometió.

A Dios le encanta usar a mujeres con errores (como Eva, como yo, como usted) para traer sus bendiciones al mundo. Y por lo tanto, envió a su amado Hijo para que fuera humillado y avergonzado por nosotras. Lo envió a cargar con la culpa de nuestro pecado; lo envió para que fuera colgado en desnudez y para que fuera abandonado por todos, incluso por su Padre, en nuestro lugar.

Después de que les hizo la promesa a Adán y a Eva, la selló con sangre. Un pobre animal, que nunca antes había conocido el temor al hombre, gritó de dolor al ser masacrado y despellejado para proveerles abrigo (véase Génesis 3:21).

Después de su caída, Adán y Eva necesitaban ser capaces de verse a sí mismos y de ver más allá de sus deficiencias, así que les fue dada la carne y la sangre de un animal inocente. Ya no estaban avergonzados de su desnudez, pero eso no resolvió su problema más profundo.

Ahora estaban avergonzados por su pecado, y ningún simple animal podría borrar su desnudez interior, la vergüenza y la culpabilidad que sentían. Esa vergüenza tenía que ser limpiada mediante la sangre del Hijo prometido a Eva. Debía derramarse la sangre de un hombre inocente por los pecados del hombre. No habría limpieza de la conciencia, no habría libertad de la culpabilidad y de la vergüenza, hasta que un Cordero inmaculado gritara de dolor en ese otro árbol. No habría absolución o bendición hasta que su costado derramara la sangre y el agua purificadoras.

El libro de Hebreos expresa: "Porque si la sangre de los toros y de los machos cabríos... santifican para la purificación de la carne, ¿cuánto más la sangre de Cristo, el cual mediante el Espíritu eterno se ofreció a sí mismo sin mancha a Dios, *limpiará vuestras conciencias* de obras muertas para que sirváis al Dios vivo?" (Hebreos 9:13-14, énfasis añadido).

Las obras muertas de las que habla el pasaje son aquellas cosas que hacemos para intentar aprobarnos a nosotras mismas y para ganar la aprobación de Dios, para poder ser limpiadas. La única forma de salir de esta esclavitud de las obras muertas es saber que nuestra conciencia ya ha sido purificada y que estamos sin mancha delante de Él. Si no tomamos las buenas nuevas del evangelio como el único antídoto para nuestras debilidades, nuestro pecado y nuestra esclavitud a la autoaprobación, si la gracia de Dios no fluye y sacia nuestra alma, tomarán su lugar las estúpidas reglas acerca de cómo ser mejores. Debe haber algo que ocupe el centro de nuestras vidas, y si no es la potente medicina de las buenas noticias, será el veneno de las estúpidas reglas.

Hebreos 10:14 dice: "Y así, con una sola ofrenda [Jesús] hizo *para siempre perfectos* a los santificados" (énfasis añadido). En otras palabras, Jesús nos hizo libres de la preocupación que sentimos por nosotras mismas para que podamos descansar solamente en Él.

Podemos dejar el espejo de lado, no lo necesitamos más. Hemos sido "hechas perfectas para siempre."

Preguntas PARA REFLEXIONAR Y DEBATIR

1. Según la Biblia, "tenemos libertad para entrar en el Lugar Santísimo por la sangre de Jesucristo" para que podamos acercarnos "con corazón sincero, en plena certidumbre de fe" (Hebreos 10:19; 22). ¿Diría que su relación con el Señor está marcada por la confianza que tiene delante de Él? ¿Tiene plena certidumbre de fe? ¿Por qué o por qué no?

2. Pablo amonestó a los gálatas por añadir reglas a la gracia en un intento de agradar a Dios. ¿Por qué Pablo estaba tan enojado? ¿De qué formas ha tratado de hacer algo similar?

3. Lea 1 Juan 2:15-16. ¿Alguna vez ha considerado que su deseo de autoaprobación es una forma de amar al mundo? ¿Cómo piensa que "los deseos de los ojos" y "la vanagloria de la vida" podrían estar ligados a la autoaprobación?

4. Al terminar el día, cuando se recuesta sobre la almohada, ¿piensa si le agrada a Dios, simplemente por lo que Cristo hizo en su lugar? Lea Romanos 12:2. ¿Qué piensa que significa ser "[transformada] por medio de la renovación de [su] entendimiento"?

5. Lea Hebreos 9:13-14. ¿Qué cree que significa cuando el pasaje afirma que nuestras conciencias han sido

purificadas? ¿Cree que ha sido "hecha perfecta para siempre" (Hebreos 10:14)? ¿Cómo cambiaría este conocimiento la forma en que se ve a usted misma y a las reglas con las que se enfrenta?

6. Resuma lo que aprendió en este capítulo en cuatro o cinco oraciones.

CAPÍTULO 7

¡ÉL *nos lo* DIJO!

El año 2012 fue un año difícil para mi esposo, Phil, y para mí. A Phil lo despidieron del trabajo que había tenido durante más de treinta años en una empresa de la que una vez había sido dueño y, como resultado, tuvimos que buscar una casa menos costosa en la zona rural de San Diego. Después de mudarnos del lugar que habíamos tenido como hogar durante una década y de alejarnos de los vecinos y de la comunidad que habíamos establecido allí, me sentí aislada, desesperanzada y sola. Durante ese tiempo, Phil también estaba teniendo problemas de salud y estábamos en el proceso de cambiarnos de iglesia. Luego, en un cambio inesperado de eventos, lo volvieron a contratar en la misma empresa. Estábamos extremadamente agradecidos, pero ahora él debía viajar diariamente al trabajo. Honestamente, no entendía cuál era el plan que Dios tenía preparado; le pedíamos que nos diera sabiduría y su guía, pero el camino parecía confuso y lleno de baches.

Entonces, en medio de todo este proceso, la madre de Phil, Thelma, comenzó a presentar señales de demencia que la hacían temerosa y en ocasiones violenta. Eso fue muy difícil de llevar, particularmente para mí, porque Thelma había sido una mujer verdaderamente piadosa. Había asistido a un instituto bíblico y había servido a Cristo fielmente desde joven; había predicado el evangelio en Ohio, Kentucky y West Virginia.

Conocí a Thelma cuando apenas comenzaba sus cincuenta años y enseñaba clases sobre misiones en el instituto bíblico de nuestra iglesia. Realizó viajes a Japón, México y Sudamérica llevando el mensaje del evangelio a aquellos que nunca lo habían escuchado. Cuando sus hijos crecieron, junto con su esposo se fue a vivir dentro de un remolque al sur de Texas para que ella pudiera asistir a una escuela de idiomas durante dos años para prepararse para un trabajo misionero en Tijuana.

Thelma era una parte fundamental de cada iglesia en la que se congregaba. Construyó bibliotecas, compartía su testimonio, enseñaba en la escuela dominical, limpiaba el santuario y tocaba el piano en los cultos. También era la mujer más hospitalaria que he conocido. Siempre iba alguien a quedarse en su casa y ella, siempre dispuesta, le preparaba pollo, le ofrecía panqueques y rodajas de manzana. De ella aprendí que podía comer salsa de carne en el desayuno y preparar caramelo de postre. Mis nietos, sus bisnietos, la llamaban Abuela Dulce. Les dejaré que adivinen por qué.

Detallo todo su trasfondo porque quiero que entiendan la confusión y la duda que sentí cuando vi que comenzaba a apagarse. Sé que todos, incluso los que llamamos santos, mueren en algún momento. Entiendo que la muerte puede ser un proceso largo, tanto para los cristianos como para los que no lo son. Lo que no entendía era por qué Dios podía permitir que alguien que había dedicado su vida a Él sufriera tanto temor durante los últimos meses de su vida. ¿Por qué el Señor simplemente no se la llevaba?

Luchaba por encontrar respuestas. Necesitaba que el Señor me mostrara algo que me ayudara a entender, algo que me sirviera para controlar mi confusión y mi dolor. Día tras día le preguntaba: "¿Por qué, Dios?" Oraba. Lloraba. Estaba destruida.

Y tengo la corazonada de que no soy la única. En algún momento de nuestras vidas nos enfrentamos a circunstancias que nos confunden y nos dejan sin esperanza. Estamos inundadas de culpabilidad y sabemos que no la podemos dominar, pero tercamente buscamos la clave secreta que nos permita vivir la vida que pensamos que queremos vivir, lo cual nos produce más culpabilidad. Esperamos un cambio que nos dé la valentía para mirarnos al espejo y aprobarnos a nosotras mismas, o al menos descansar en paz cuando se acerque el final. Esperamos que alguien nos cuente el secreto de cómo obtener la aprobación de Dios, así que apilamos reglas y más reglas sobre nuestra espalda.

Erróneamente pensamos que si pudiéramos descubrir los pasos correctos, toda circunstancia problemática desaparecería o, al menos comenzaría a tener más sentido del que tiene en ese momento. A veces pensamos que si tuviéramos una fe lo suficientemente grande o una sabiduría lo suficientemente profunda, todos nuestros problemas desaparecerían.

Sigo con la idea de que, de alguna manera, puedo ser capaz de hacer todo lo que Dios, o mi propia conciencia disfrazada de Dios, me demanda. A veces quisiera que Dios se apareciera y me limpiara, e hiciera lo mismo con todos los demás también. Quisiera que bajara del cielo y nos ayudara a todos a salir de los problemas que tenemos. Quisiera que me dijera por qué hace lo que hace, por qué permite que los justos sufran. A veces pienso que la razón por la que no comprendo sus caminos es porque mi fe no es lo suficientemente grande o porque no he descubierto la llave que abre sus secretos.

"Señor, ¿dónde estás en medio de este desastre?" Es una pregunta que cuestioné en el pasado y que continúo preguntándole.

Si buscamos en la Escritura, no soy la primera persona que se ha preguntado eso.

Alrededor de setecientos años antes del nacimiento de Jesús, el profeta Isaías oró de una manera similar. Como nosotras, Isaías vivió durante un tiempo en que el pueblo de Dios estaba sediento por obtener la seguridad que otorga el mundo. Según la Biblia de estudio de la Versión Estándar en inglés, la pregunta impuesta a los israelitas fue una sobre la confianza: "¿En qué confiará el pueblo de Dios para su salvación, en estrategias humanas de autorescate o en las promesas proféticas de la gracia divina?"[42]

Isaías oró: "¡Oh, si rompieses los cielos, y descendieras... para que hicieras notorio tu nombre a tus enemigos, y las naciones temblasen a tu presencia! Ni nunca oyeron, ni oídos percibieron, ni ojo ha visto a Dios fuera de ti, que hiciera por el que en él espera" (Isaías 64:1-2, 4).

¿Puede escuchar el corazón del profeta de Dios? Es cierto que estaba quebrantado, pero al mismo tiempo tenía esperanza. Él sabía que debía ocurrir algo absolutamente trascendental para que Dios limpiara el desastre que había hecho la humanidad, pero también sabía que Dios podía hacer lo inimaginable. Isaías sabía que nada de lo que él pudiera hacer, ninguna obra de sus manos, sería suficiente. Esperaba que Dios actuara por aquellos que simplemente esperaban en Él; estaba esperando un evento cataclísmico. Era necesario que el cielo se abriera abruptamente, que descendiera del cielo una gracia milagrosa; y sorprendentemente, ¡eso es exactamente lo que hizo el Señor! Setecientos años después de las profecías de Isaías, el Señor rasgó los cielos y envió a su Hijo, Dios hecho carne, al mundo.

Cuando la autolimpieza no es suficiente

Al comienzo de su ministerio público, Jesús buscó a su primo Juan, que estaba bautizando en el río Jordán. Cuando Jesús le pidió que lo bautizara, la respuesta de Juan fue la correcta: "Yo necesito ser bautizado por ti, ¿y tú vienes a mí?" (Mateo 3:14). Incluso Juan, el último y más grande profeta bajo el antiguo pacto (véase Mateo 11:11), sabía que no era lo suficientemente bueno. Como nosotras, era muy consciente de su propia culpabilidad; y como nosotras, luchaba con la incredulidad (véase Mateo 11:3).

Juan sabía que era un pecador y que necesitaba que alguien lo limpiara, que alguien lo justificara. Jesús también lo sabía. Juan necesitaba ser justificado más allá de lo que podía lograr por sus propios medios. No importaba cuán estricto fuera consigo mismo, cuánto se negara a los placeres del mundo y que viviera en el desierto como un asceta, de igual manera nunca sería suficiente. Esto se debe a que la rectitud exterior nunca puede satisfacer las demandas de un Dios santo, que no solamente escucha nuestras palabras y ve nuestras obras, sino que también juzga los pensamientos y las intenciones de nuestros corazones (véase Hebreos 4:12-13).

Juan conocía su propio corazón y sabía que, aunque predicara acerca del arrepentimiento, nunca podría arrepentirse lo suficiente como para ser justo delante de Dios.

La rectitud que Juan necesitaba tenía que venir desde fuera de él; la rectitud que Jesús estaba consiguiendo en ese preciso momento. Esa rectitud era la obediencia perfecta a la ley, interna y externa. La siguiente es la respuesta que le ofrece Jesús a Juan: "Deja ahora, porque así conviene que cumplamos toda justicia" (Mateo 3:15). ¿Le queda claro el mensaje? El santo Hijo de Dios se unió al pecador Juan y le expresó: "así conviene que *cumplamos* toda justicia" (énfasis añadido).

¿Qué era lo que estaba haciendo Jesús en esas aguas cenagosas sometiéndose a un bautismo para pecadores? Entró en esas aguas cenagosas porque ahí es donde estamos nosotras, intentando limpiarnos a nosotras mismas. Él sabía que necesitábamos de Alguien tan puro que su pureza no pudiera ser manchada por agua con lodo. Solamente alguien tan santo como Jesús podía limpiar a las mujeres y a los hombres que estaban sucios.

Entonces, Él descendió. Y Juan entendió, como pudo, que era correcto que este Hombre justo entrara en las aguas cenagosas con él. Sabemos que nosotras, también, necesitamos de Alguien que sea justo por nosotras en nuestros ritos religiosos, en nuestro bautismo y en nuestra constante autolimpieza.

Varias generaciones antes, Josué y los levitas habían puesto el Arca del Pacto, el lugar donde habitaba la presencia de Dios, en las aguas del Jordán para que el pueblo pudiera cruzar hacia la Tierra Prometida (véase Josué 3). De una manera muy similar, Jesús, Dios hecho hombre, trajo la presencia de Dios de nuevo al Jordán para asegurarnos nuestra llegada segura a la tierra de reposo que Él nos prometió. Sin embargo, a diferencia de ese día, en que se le advirtió al pueblo que guardara distancia del Arca, Jesús invitó a Juan a que se acercara. Lo llamó, y también nos llama a nosotras, para que nos acerquemos a Él. Jesús, nuestro Hermano, está en el agua con nosotras.

La Escritura explica que cuando Jesús entró a las aguas, estaba orando (véase Lucas 3:21). Quizás estaba orando por nosotras;

quizás estaba confesando nuestros pecados. No lo sabemos, pero sí sabemos que estaba allí con nosotras, en nuestro lugar, identificándose por completo con nosotras. Al hacerlo, transformó el agua del bautismo que pasó de ser un elemento natural a un derramamiento que purifica el alma, que se traduce en vida y justificación para el corazón del creyente. Sólo Jesús puede transformar agua ordinaria en agua que purifica el alma.

Entrar en nuestro estiércol

Finalmente, fue contestada la oración de Isaías en la que pedía que la presencia de Dios invadiera nuestro lodo y nuestro estiércol. Inmediatamente después de que Jesús saliera del agua, "los cielos le fueron abiertos" (Mateo 3:16). La presencia tan esperada de Dios finalmente invadió este mundo perverso, y los pecados que nunca podríamos limpiar por nuestra cuenta fueron emblanquecidos como la nieve (véase Isaías 1:18). Dios había abierto la puerta de la Tierra Prometida y, después de cientos de años de pecado, autoconfianza y culpa por parte del pueblo de Dios, las oraciones para que viniera la presencia limpiadora de Dios se estaban cumpliendo.

¿De qué forma contestó Dios la oración de Isaías para que su nombre se hiciera conocido entre sus enemigos (véase Isaías 64:1-2)? Abrió los cielos y descendió, pero no lo hizo a partir de la ira y el juicio, ni del fuego y la condenación, como nos merecemos.

Todo lo contrario, Él descendió en paz, en forma de paloma, y reposó sobre Jesús. Luego, la voz del cielo pronunció la más hermosa bendición que se haya escuchado: "Tú eres mi Hijo amado; en ti tengo complacencia" (Lucas 3:22).

El Espíritu de Dios entró en el Hijo del Hombre y, desde ese momento, todos los que creen en el Hijo de Dios reciben

Malos consejos QUE RECIBEN LAS MUJERES

¿Cuáles son las cosas más insólitas que les dicen a las mujeres que tienen que hacer para ser más piadosas?

(Las siguientes son respuestas reales a mi reciente publicación en Facebook.)

- Para ser una mujer piadosa, debes ser creativa, hábil con tus manos, y capaz de hacer que tu hogar se vea según los estándares de belleza culturalmente aceptados, y debes hacerlo con un presupuesto mínimo. Será más sencillo si llevas álbum de recortes y si puedes hacer casi todos los decorados con lindos papeles.
- Sujétate a la autoridad de la iglesia sin cuestionar, especialmente si eres una mujer soltera. No es apropiado compartir un punto de vista distinto o expresar tu desacuerdo.
- Disciplina a tus hijos durante todo el día para asegurarte de que tu casa esté en paz y en orden cuando tu esposo llegue. Después de todo, él ha trabajado todo el día, ¡se lo merece!
- Debes ser organizada, saber todo lo que sucede a tu alrededor, tener una casa perfecta, preparar comida casera todas las noches, cocinar, coser, limpiar y ser una gran

esa misma bendición: "Eres mi hijo amado [o hija amada]; en ti tengo complacencia." ¿Por qué? ¿Cómo es posible? Porque Él nos ha lavado. Estamos limpios, y somos uno con Él en el Espíritu. Y en ese momento, a todos los que se les otorga el don de la fe, todos los que confían en este Hombre mojado, lleno de lodo, que está de pie en ese río insignificante, tienen la misma administradora. Básicamente, debes ser una ama de casa perfecta.

- Recorta cupones de descuento.
- No utilices métodos anticonceptivos. Permite que Dios decida el tamaño de tu familia.
- Siempre muestra una "sonrisa ministerial."
- No busques actividades agradables para ti que no involucren a tus hijos o a tu esposo.
- Si eres soltera y luchas con la soledad, deberías estar bien ya que estás "casada con Jesús."
- Como esposa, tu vida debe girar en torno a tu esposo. Ya no tienes identidad propia; ahora eres una extensión de tu esposo.
- Deja tu cerebro y tu corazón en la puerta, pero que tu cuerpo entre a tu casa para cocinar, limpiar, tener sexo y dar a luz a tus hijos.

LAS *buenas noticias*

Con Cristo estoy juntamente crucificado, y ya no vivo yo, mas vive Cristo en mí… pues si por la ley fuese la justicia, entonces por demás murió Cristo. GÁLATAS 2:20-21

bendición. Nosotras somos sus hijas amadas. Él está complacido con nosotras.

¿Es para usted tan difícil creerlo? Por supuesto que lo es, pero es la verdad. Él está complacido con usted, haya o no haya hecho su devocional esta mañana. Está complacido con usted en los días en que se levanta determinada a amarlo y en los días en que se levanta treinta minutos tarde y no puede ni recordar su nombre. Está complacido con usted ya sea que haya caído nuevamente en ese estúpido pecado o si, por su gracia, se ha apartado de él. Él está complacido con usted porque está complacido con su Hijo, y su Hijo dijo: "Así conviene que cumplamos toda justicia" (Mateo 3:15). Jesús hizo todo por nosotras... y con nosotras.

En el desierto

Jesús dejó el agua que lo marcó como el Elegido de Dios para atravesar cuarenta días de tentación en el desierto. Este período es un reconocimiento a los cuarenta años de tentación en el desierto que vivió Israel (véase Números 14:33) pero, a diferencia de Israel, Jesús no cedió ante el diablo.

Jesús era un ser humano real, un Ser de carne y hueso que necesitaba comer y dormir tanto como nosotras. Y Jesús se enfrentó a la tentación de Satanás cuando más débil estaba físicamente. Mateo aclara: "Y después de haber ayunado cuarenta días y cuarenta noches, [Jesús] tuvo hambre" (Mateo 4:2). ¿Por qué Mateo recalcaría un hecho tan obvio? Porque quería que supiéramos que Jesús no era un superhéroe que no necesitaba alimentarse. Es cierto que era y que es Dios, pero nunca se permitió el privilegio de acceder a su deidad para hacer su vida más fácil. No utilizó ningún súper poder para luchar contra el diablo; Él peleó como un ser humano, como uno de nosotros.

Jesús había estado sin comer y sin dormir bien por más de un mes. Estaba dolorosamente hambriento y cansado, y sin embargo siguió luchando. Me estremezco al pensar en las veces que estuve irritable y me sentía inútil porque no había pasado bien la noche. Cuando me ocurre eso, argumento que "estoy exhausta" o "simplemente hambrienta" si respondo cruelmente, refunfuño o me desentiendo de todo y hago lo que quiero.

¿Cuántas veces le hemos gritado a alguien porque estábamos hambrientas? ¿Cuántas veces estuvimos irritables porque no habíamos dormido lo suficiente? ¿Cuántas veces aceptamos: "Sé que estoy malhumorada, pero tengo mis síntomas premenstruales"? Necesitamos a alguien que sea justo por nosotras en nuestra debilidad, alguien que esté con nosotras en nuestras flaquezas más desesperantes. Por eso Dios abrió los cielos y descendió para caminar como si fuera una de nosotras. Él camina con nosotras en nuestra debilidad, en nuestro dolor, en nuestro sufrimiento y en nuestra tristeza, y finalmente en nuestra victoria.

El arsenal de nuestro enemigo

¿Cuál fue el primer intento de Satanás para tentar al Señor? Fue el mismo que utilizó para tentar a Adán y Eva en el Jardín del Edén y a Israel en el desierto. Satanás los tentó con comida, como lo hizo con Jesús: "Y vino a Él el tentador, y le dijo: Si eres Hijo de Dios, di que estas piedras se conviertan en pan" (Mateo 4:3). Pero aunque la comida es importante, no es el verdadero problema aquí. El punto crítico es si creemos que la Palabra de Dios para nosotras, acerca de nosotras y en nosotras nos resulta suficiente. ¿Creemos que es suficiente ser llamadas sus hijas amadas? ¿O trataremos de convertir en pan esas piedras muertas que encontremos a lo largo de nuestra vida? Cuando nos enfrentemos con la decepción, el desánimo y con preguntas que parezcan no tener respuesta, ¿será su Palabra suficiente para nosotras, o demandaremos algo más?

En cualquier momento, Aquel que más adelante se identificó a sí mismo como el Maná, el Pan de Vida (véase Juan 6:35-59) podría haberse alimentado a sí mismo. En dos ocasiones aisladas multiplicó el pan para alimentar a los hambrientos (véase Mateo 14:13-21; 15:32-39); pero Él no caería en la misma trampa en que había caído Eva. Ella quiso ser como Dios en vez de confiar en su promesa de recibimiento. Quería hacerlo por su cuenta, nada de esa tontería de "confía en mí; mi amor es suficiente." Quería estar orgullosa de sus logros. Quería hacerlo sola.

Israel también fue tentado con comida y siguió los pasos de Eva. El pueblo quería comida que supiera mejor que el maná que Dios había provisto en el desierto, querían comida que pudieran cocinar ellos mismos. Se quejaban: "Nos acordamos del pescado que comíamos en Egipto de balde, de los pepinos, los melones, los puerros, las cebollas y los ajos" (véase Números 11:5). Querían comida que pudieran almacenar, en caso de que el Señor cambiara de parecer acerca del amor que les tenía, o en caso de que se olvidara de que necesitaban ser alimentados. Además, ya estaban aburridos de comer siempre lo mismo. Querían intercambiar recetas de codorniz y cordero. Querían hacer competencias para ver quién era el mejor cocinero. Querían saborear algo un poco más sabroso, en lugar de las obleas de miel aburridas que caían a la puerta de sus tiendas todos los días.

Somos como los israelitas, ¿no es así? Queremos algo más, alguna señal segura de que, después de todo, estamos bien, y que finalmente podremos sentirnos satisfechas con nosotras mismas.

¿Cómo respondió Jesús, nuestro Hermano, a la tentación de Satanás? Él dijo: "Escrito está: No sólo de pan vivirá el hombre, sino de toda palabra que sale de la boca de Dios" (Mateo 4:4). Jesús encontraba su vida, su descanso y su identidad en lo que Dios tenía que decir sobre Él. Creía que su Padre lo amaba y que se ocuparía de Él, sin importar lo que tuviera que afrontar o cuánto tuviera que sufrir.

Ninguna de nosotras encontrará vida al hornear nuestro propio pan, o al tratar de cumplir con las diez mil cosas que pensamos que tenemos que hacer para conseguir la autoaceptación, la paz, el descanso, la respuesta a todas las preguntas y la vida abundante; pero seguimos intentándolo, ¿no es así? Las misericordias que Dios nos concede cada mañana como aquel maná que aparecía fuera de las tiendas de los israelitas simplemente parecen demasiado poco, demasiado dulces y demasiado aburridas (véase Lamentaciones 3:22). No hay suficiente *yo* allí. *Nosotras* no es lo suficientemente bueno.

Entonces, ¿cómo luchamos contra el deseo de autoaceptación y autoaprobación? Cuando escuchamos las buenas noticias y las creemos, y luego, las volvemos a escuchar y las creemos una y otra vez. Cuando creemos que ya fuimos aprobadas. La siguiente es palabra de la boca de Dios para recordarnos esta verdad: "Al que no conoció pecado, por nosotros lo hizo pecado, para que nosotros fuésemos hechos justicia de Dios en él" (2 Corintios 5:21). Si usted tiene la justicia de Dios, ¿no es suficiente? ¿O necesita la justicia de ________________ (complete con su propio nombre aquí) hoy?

La segunda vez que fue tentado, Satanás intentó que Jesús probara el amor que Dios le tenía: "Si eres Hijo de Dios, échate abajo" le susurró Satanás; "porque escrito está: A sus ángeles mandará acerca de ti, y en sus manos te sostendrán, para que no tropieces con tu pie en piedra" (Mateo 4:6). Jesús tampoco cayó en ese truco. Estaba convencido de que su Padre lo amaba, pero no necesitaba que el Padre se lo probara. Conocía las promesas acerca del amor de Dios que están en la Escritura, y las mismas eran suficientes para convencerlo de que su Padre lo cuidaría. Poner a prueba ese amor sería una señal de incredulidad e idolatría.

¿Alguna vez usted ha dicho: "Sé que Dios me ama, pero necesito algo más, alguna señal tangible que pueda percibir"? Si necesita una señal de que Dios la ama, no necesita poner a Dios a prueba. Él ya nos ha dado una señal; en realidad, nos ha dado muchas. Nos ha dado la señal del arco iris, su promesa de que no destruirá el mundo con agua nuevamente. Nos ha dado la señal de la Encarnación, el Mesías, que vino al mundo "envuelto en pañales, acostado en un pesebre" (Lucas 2:12). Nos ha dado la señal de la resurrección: "Porque como estuvo Jonás en el vientre del gran pez tres días y tres noches, así estará el Hijo del Hombre en el corazón de la tierra tres días y tres noches" (Mateo 12:40).

Estas señales son garantías de que Dios cumplirá su promesa de cuidar de nosotras y de que no necesitamos nada más que su palabra. La cruz de Cristo, ese madero ensangrentado, es la señal más segura que necesitaremos. ¿Han sido perdonados nuestros pecados? ¿Somos amadas? ¿Se ocupará Él de nosotras? No necesitamos más pruebas que mirar al monte Gólgota y rendirnos en adoración.

La tercera vez que Jesús fue tentado, Satanás le ofreció "todos los reinos del mundo y la gloria de ellos" (Mateo 4:8). ¿Sucumbiría Jesús frente a la tentación de demandar ser tratado como rey, de ser glorificado como gobernante de todo? Por supuesto que no. ¿Por qué? Porque Él sabía quién era. Ya sabía que Él era Rey. Sabía que Él era el Gobernante de todos los reinos que Satanás le había ofrecido. Sabía lo que ocurriría un día: "para que en el nombre de Jesús se doble toda rodilla de los que están en los cielos, y en la tierra, y debajo de la tierra; y toda lengua confiese que Jesucristo es el Señor, para gloria de Dios Padre" (Filipenses 2:10-11).

Admitámoslo: nuestros deseos de autobendición y autoabsolución están arraigados a la autoadoración. Queremos sentirnos orgullosas de todos nuestros pequeños reinados y de todos nuestros logros. Queremos ser como Dios y entender todo, y queremos que nuestra propia gloria llene el cielo. Como dice Paul Tripp: "El pecado nos convirtió en ladrones de gloria."[43] Por otro lado, Jesús no necesitó robarle a nadie para obtener la gloria. Sabía quién era Él y hacia dónde iba. No tenía miedo de que la gente no lo apreciara. Entonces, pudo decir no a todas las cosas a las cuales nos aferramos nosotras y por las cuales luchamos en una búsqueda de aprobación humana.

Si no sabemos si tenemos una buena reputación delante de los ojos de Dios (los únicos ojos que importan), si creemos que pertenecemos a la basura junto con las cáscaras de huevo y los vegetales podridos, entonces siempre estaremos en una constante lucha, y buscaremos la manera de sentirnos bien. Es así: si acabamos de terminar de cenar una deliciosa carne, seguida de una *crème brûlée* y de una rica taza de café, será mucho más fácil que nos resistamos a comer una pequeña lata de salchichas alemanas.

¿Sabe quién es usted en Él? ¿Cree que es amada así como es? Entonces, ¿por qué necesita los reinos de este mundo y su gloria efímera y vacía? Vea las palabras que Dios utiliza para describirla a usted y a todos los creyentes del mundo: "vosotros sois linaje escogido, real sacerdocio, nación santa, pueblo adquirido por Dios… vosotros que en otro tiempo no erais pueblo, pero que ahora sois pueblo de Dios; que en otro tiempo no habíais alcanzado misericordia, pero ahora habéis alcanzado misericordia" (1 Pedro 2:9-10).

Somos su posesión valiosa, no necesitamos nada más. No somos personas marginadas y consumidas llenas de enfermedades que esperan escurrirse entre la gente realmente buena para robar algo de su gloria para ellas. Ya tenemos todo lo que necesitamos

¡porque Él *nos* lo dijo! No necesitamos conocer todas las razones de todo lo que Él permite. Lo conocemos a Él y sabemos que nos recibe y que nos ama.

La reputación de Cristo, y la nuestra

Cuando hablamos acerca de la justicia de Cristo, acerca de la forma en que cumplió toda la ley por nosotras, en nuestro lugar, ¿qué significa realmente? Significa que cada día de toda su vida escogió amar a su Padre y a su prójimo: por nosotras, en nuestro lugar. Cuando Jesús era un niño y su hermano menor hacía trampa en algún juego, Él no le pegaba. Lo amaba. Cuando Él era un adolescente y las mujeres jóvenes del pueblo coqueteaban con Él, Él no las miraba como objetos para su propio placer.

Las amaba y se interesaba por ellas de la misma forma en que un hermano mayor se interesa y protege a una hermana menor. Cuando su padre terrenal murió, Él cumplió el rol de cabeza de hogar sin quejarse y mantuvo a sus hermanos y a su madre hasta su último aliento, cuando la encomendó al cuidado de su mejor amigo, Juan.[44]

Cuando los discípulos trataron de robarle la gloria a Jesús o de alejar a otras personas, Él los amó y les aseguró que de verdad tendrían un Reino, pero no el que ellos esperaban. Luego, cuando lo desnudaron, lo avergonzaron, lo golpearon y lo clavaron a un madero, cuando ya no tuvo la certeza de la presencia de su Padre, aún en ese momento llamó a su Padre "Dios mío" y le hizo una pregunta cargada de angustia: "¿Por qué me has desamparado?" (Marcos 15:34).

En su último aliento, cuando expresó "Consumado es" (Juan 19:30), lo dijo por *nosotras*. Ciertamente estaba culminando la obra que su Padre le había encomendado, pero también estaba

> Durante años acepté la mentira de que mi matrimonio se disolvería si mi esposo no encajaba en el rol tradicional de líder espiritual. Lo hice sentirse culpable por no ser lo suficientemente espiritual, y eso causó que fingiera acerca del estado de su fe. Esto detuvo su crecimiento espiritual y el mío también, porque estaba dependiendo de él en mi espiritualidad en vez de crecer de forma individual. Finalmente, Dios me ayudó a dejar a un lado mis expectativas, y con el tiempo mi esposo y yo comenzamos a crecer en nuestra vida espiritual de forma genuina.
>
> LA HISTORIA DE *una mujer*

terminando todo lo que nosotras debíamos haber hecho para poder obtener la bendición de Dios, para ganar su favor.

¿Qué clase de justicia obtuvo Jesús? ¿Cuál fue su reputación? ¿Qué opinaba acerca de sí mismo? Él manifestó que "siempre" hizo lo que le agradaba al Padre (Juan 8:29). Piense en ello. Nunca se fue a dormir con la conciencia llena de culpabilidad. Nunca recordó un día de su vida con disgusto, con el deseo de deshacer algo que había hecho y comenzarlo de nuevo. Nunca se quejó internamente con conciencia de pecado, o recordó con vergüenza y tristeza algún momento de su vida. Durante todo el tiempo que estuvo en la tierra se enfocó en hacer la voluntad de su Padre, en tal medida que la voluntad del Padre era su alimento (véase Juan 4:34). Cuando era confrontado con circunstancias que necesitaban buen juicio, Él sabía que siempre tenía la razón, porque nunca buscaba su propia voluntad sino la voluntad del Padre (véase Juan 5:30).

La vida de Jesús fue tan perfecta (sin ser pedante) que pudo hacer esta asombrosa pregunta: "¿Quién de vosotros me redarguye de pecado?" (Juan 8:46). ¿Quién se atrevería a hacer semejante pregunta? Ciertamente, yo no. Hay cosas en mi pasado (y en mi presente) que no deberían estar ahí, cosas de las cuales me avergüenzo. Sin embargo, Jesús, el que está aquí por nosotras y con nosotras, pudo hacer esa pregunta sin miedo. Y pudo decir que Satanás "no tenía nada en Él" (Juan 14:30). Por mucho que intentó tentarlo el diablo, ninguna de sus tentaciones tuvo éxito. Satanás no tenía ningún derecho sobre Jesús, porque Jesús sabía que era amado y, por consiguiente, Él también amaba.

Jesús fue claro acerca del motivo de su venida: "No penséis que he venido para abrogar la ley o los profetas; no he venido para abrogar, sino para cumplir. Porque de cierto os digo que hasta que pasen el cielo y la tierra, ni una jota ni una tilde pasará de la ley, hasta que todo se haya cumplido" (Mateo 5:17-18).

Él vino a cumplir todos los mandamientos de la ley y, como resultado, se sujetó a sí mismo a las consecuencias descritas por los profetas. Cada vez que una ley prometía "Haz esto y serás bendecido y vivirás" o advertía "Si no obedeces serás maldecido y morirás"[45], Él estuvo en nuestro lugar. Él estaba pensando en nosotras. Jesús obedeció y cumplió la ley por nosotras para que su bendición fuera nuestra. Jesús llevó en su cuerpo cada profecía que predijo la destrucción sobre los desobedientes. Cargó en ese madero con la maldición de la ley para aquellos que desobedecían, porque "maldito todo el que es colgado de un madero" (Gálatas 3:13). Él cumplió con cada pequeño detalle de la ley moral para que pudiéramos saber con certeza que somos justas delante del Padre, quien nos ve como realmente somos y aun así nos llama "amadas."

El apóstol Juan escribió acerca de nuestra adopción como hijas amadas de Dios de la siguiente manera: "Mirad cual amor nos ha dado el padre, para que seamos llamados hijos de Dios... Amados, ahora somos hijos de Dios" (1 Juan 3:1-2). Pablo también se refirió a nosotras como "[hijas amadas]" (Efesios 5:1).

El testimonio que Jesús dio sobre su propia vida es ahora nuestro testimonio. Como estamos con Él tenemos el registro de hacer siempre lo que le agrada al Padre. Ya que Jesús vivió rectamente por nosotras, tenemos el testimonio de que la voluntad de Dios es el alimento que nos sustenta. Esto significa que podemos mirar al enemigo, e incluso al Padre, y decir: "Porque estoy en el Hijo, ¿quién podrá condenarme por mi pecado?"

¿Todavía pecamos? Por supuesto que sí. Sin embargo, cuando tengamos que comparecer ante el Juez del universo, Él no nos condenará por nuestro pecado. ¿Por qué? Porque ante sus ojos somos perdonadas, justas y limpias. No existe nada en nosotras que nos aparte de Él, o que a Él lo aparte de nosotras. Estamos con el Hijo, y Él nos ha dado todo lo que necesitamos. Ahora no solamente Jesús es justo, sino que *nosotras* también.

A la luz de tan buenas noticias, ¿por qué intentamos armar nuestro propio currículum o pensamos que necesitamos que Él nos dé explicaciones?

Una dulce apertura de los cielos

En el bautismo de Jesús, el Padre abrió los cielos y descendió para pronunciar esta bendición acerca de su Hijo: "Tú eres mi Hijo amado; en ti tengo complacencia" (Lucas 3:22). Tres años y medio más tarde, años de servicio, enseñanza, señales, amistad y sufrimiento, ya era tiempo de abrir los cielos una vez más. Esta vez, iba a cambiar todo para siempre.

Cuando el alma del Hijo fue arrebatada de su cuerpo y su último acto de obediencia fue completado, el velo del Templo que hasta ese momento había separado a las personas de Dios, que dividía a los humanos pecadores de la santidad de Dios, se rasgó. Se rasgó completamente, de arriba abajo (véase Mateo 27:51). Fue como si Dios mismo hubiese descendido desde los cielos y hubiese roto el velo en dos.

¿Necesita una prueba? ¿Alguna señal de que Dios la considera justa? Cuando rasgó el velo en dos, estaba diciendo: "Ahora estás en casa. Entra. ¡Eres bienvenida en mi presencia! No te quedes allí, esperando a que te acepte. Mi Hijo ha hecho todo por ti y estoy completamente satisfecho con tu rectitud. ¡Nunca te condenaré por tu pecado!"

Ahora, el camino está abierto y no existe razón para que temblemos o esperemos ser lo suficientemente buenas, o para que intentemos construir nuestra reputación. El cuerpo del Hijo fue quebrantado, y el velo se rasgó en dos. Eso significa que podemos acercarnos a Él con confianza:

> Así que, hermanos, teniendo libertad para entrar en el Lugar Santísimo por la sangre de Jesucristo, por el camino nuevo y vivo que él nos abrió a través del velo, esto es, de su carne… acerquémonos con corazón sincero, en plena certidumbre de fe, purificados los corazones de mala conciencia, y lavados los cuerpos con agua pura. Mantengamos firme, sin fluctuar, la profesión de nuestra esperanza, porque fiel es el que prometió. HEBREOS 10:19-20; 22-23

En este momento, así como somos, somos las hijas e hijos amados del Padre (véase 1 Juan 3:2). ¿Necesita un recordatorio de esa verdad cuando se mira en el espejo? Aquí lo tiene: *Dios me llama su hija amada. ¿Quién me puede acusar de pecado? ¿Quién puede condenarme?* Romanos 8:31-35 lo expresa de esta manera:

> Si Dios es por nosotros, ¿quién contra nosotros? El que no escatimó ni a su propio Hijo, sino que lo entregó por todos nosotros, ¿cómo no nos dará también con él todas las cosas? ¿Quién acusará a los escogidos de Dios? Dios es el que justifica. ¿Quién es el que condenará? Cristo es el que murió; más aún, el que también resucitó, el que además está a la diestra de Dios, el que también intercede por nosotros. ¿Quién nos separará del amor de Cristo?

Entonces, ¿qué hacemos con el desorden en el que estamos metidas? Se lo entregamos a Él, y creemos que Él se va a encargar de todo. Confiamos en que, aunque no entendamos todo, Él nos ama y se ocupará de nosotras para siempre. El camino está abierto. La cita ya está hecha: *Venga a casa. Sepa que Él la recibe y que la ama.* Su justicia no lo cubre a Él solamente. ¡También nos cubre a nosotras!

Preguntas PARA REFLEXIONAR Y DEBATIR

1. Lamentaciones 3:22-24 expresa: "Por la misericordia de Jehová no hemos sido consumidos, porque nunca decayeron sus misericordias. Nuevas son cada mañana; grande es su fidelidad. Mi porción es Jehová, dijo

mi alma; por tanto, en él esperaré." ¿Qué cree que significa que el Señor es su porción? ¿De qué manera ha visto su misericordia y fidelidad en su propia vida? ¿De qué forma le alienta la verdad de que su amor nunca cesa cuando afronta circunstancias difíciles?

2. La Escritura afirma: "Porque también Cristo padeció una sola vez por los pecados, el justo por los injustos, para llevarnos a Dios" (1 Pedro 3:18). ¿Qué cree que esto significa en el plano general? ¿Qué significa en lo personal para usted?

3. El teólogo australiano Graeme Goldsworthy afirmó: "Al pecador que cree la palabra de Dios que establece que este acto de redención fue hecho para él, se le otorga, como regalo, el mismo estado que Cristo posee en virtud de su obediencia libre de pecado. No podemos decirlo mejor que con las palabras de Pablo: 'Cristo, [nuestra] vida' (Colosenses 3:4)."[46] ¿Está de acuerdo en que usted posee la obediencia libre de pecado de Cristo? ¿Siente en todo momento que esto es verdad?

4. Pablo escribió: "¡Oh profundidad de las riquezas de la sabiduría y de la ciencia de Dios! ¡Cuán insondables son sus juicios, e inescrutables sus caminos! Porque, ¿quién entendió la mente del Señor? ¿O quién fue su consejero?" (Romanos 11:33-34). ¿De qué manera le confortan estas palabras cuando se enfrenta a una situación que no comprende?

5. ¿Cree que sea posible que, por su fe en la obra de Cristo por usted, Dios no la condenará por ningún

pecado? ¿Cómo podría afectar ese pensamiento a su esfuerzo por buscar más y mejores reglas para mejorar su vida?

6. Resuma lo que aprendió en este capítulo en cuatro o cinco oraciones.

CAPÍTULO 8

¿CUÁL *es la* LISTA *que tiene* DIOS HOY *para* USTED?

MIENTRAS VIVAMOS EN LA TIERRA, las voces que llenan nuestros oídos con malas noticias no serán silenciadas. Nunca se terminarán las reglas tanto de la cultura ("¡Sé hermosa!" "¡Sé fuerte!" "¡Sé competente!" "¡Lleva una buena vida!"), como de la iglesia ("¡Haz más!" "¡Sirve más!" "¡Hazlo mejor!" "¡Sé mejor!").

Mientras estemos conscientes y respiremos, seremos bombardeadas con mensajes de autojustificación: "¡Estoy bien!", "Quizás no esté bien, ¡pero no estoy tan mal como __________!" "Quizás no esté bien, ¡pero no es mi culpa!" o "Está bien, sé que no estoy bien, ¡pero mejoraré!"

Estos mensajes acerca de nuestra propia aceptación no son el evangelio. Como cristianas, no necesitamos intentar justificarnos a nosotras mismas. El evangelio es sobre personas quebrantadas que no sólo "no están bien", sino que son más pecadoras y con más defectos de lo que nos animamos a creer.[47] Y aunque sepamos en nuestra mente que deberíamos ignorar las formas en que piensa el mundo, es algo con lo que debemos luchar todo el tiempo.

Romanos 12:2 ofrece esta amonestación, que es tan relevante en este tiempo como lo fue en el tiempo en que Pablo la escribió: "No os conforméis a este siglo, sino transformaos por medio de la renovación de vuestro entendimiento, para que comprobéis cuál sea la buena voluntad de Dios, agradable y perfecta" (Romanos 12:2).

"Conformarnos a este siglo" simplemente significa que valoramos y nos adherimos a las formas de pensar del mundo. Por supuesto, significa que deberíamos apartarnos de los estilos de vida inmorales, pero también significa que deberíamos alejarnos de los métodos que utiliza el mundo para buscar la autojustificación. El mensaje del mundo es algo parecido a este: "Si hace esto (lo que sea que fuera), será feliz, tendrá paz, será amada y podrá aprobarse a sí misma." Si creemos en esta manera de pensar, estamos aceptando las mentiras que Satanás empezó a maquinar en el Edén y que continúa diciéndonos hasta la fecha. Cuando sienta el impulso de hacer más, de esforzarse más y la necesidad de no ser menos que el vecino que vive al final de la calle (o menos que Angelina Jolie en las portadas de las revistas), sabrá que el mundo la está presionando para que se amolde a él. La autoperfección es la manera en que el mundo hace negocios.

En lugar de ser forzadas a las formas de pensar del mundo, debemos ser "transformadas por medio de la renovación" de nuestra mente. Eso significa que necesitamos recordar el evangelio todos los días: ya somos amadas, ya somos perfeccionadas, ya somos aprobadas, ya somos justificadas. No necesitamos intentar justificarnos a nosotras mismas por lo que hacemos o por cómo nos vemos, o convencernos de que estamos bien porque estamos progresando.

Hubo un tiempo en mi vida en que el tipo de auto que conducía era excesivamente importante para mí. Realmente pensaba que si manejaba una camioneta Volvo, las personas pensarían que era una mujer fuerte, no una muchacha que finge ser respetable. Un día en particular, recuerdo que dejé a mis hijos en la guardería de la comunidad y que sentí que no estaba a la altura de las demás mujeres. En ese momento, miré hacia donde estaba mi Volvo y pensé: *Espero que me vean subir a mi auto.* Sé que suena ridículo, pero debajo de ese pensamiento estaba mi temor a que las personas descubrieran que era una farsante. En aquel momento de mi vida no sabía que solamente necesitaba relajarme ante la verdad de que en realidad sí era una farsante, como todos los demás, y que la única bondad que tenía era la que provenía de Alguien más.

Mi mente necesitaba ser renovada; el Espíritu Santo necesitaba construir una nueva identidad en mí. Yo no sabía quién era yo o qué era lo que me hacía única y únicamente amada. En ese tiempo me costaba aceptar que merecía ser amada y me preocupaba con mucha frecuencia, gastaba demasiado dinero y luchaba contra mis sentimientos de ira. Constantemente buscaba obtener la identidad "respetable" de mi esposo. Necesitaba mi casa, mi auto y mi ropa para declarar algo sobre mí que ni yo creía realmente. Quería ser recibida y amada, y no me daba cuenta de que ya lo era, así como estaba. Necesitaba que el Señor me ayudara a "[esperar] por completo en la gracia que se [me] traerá cuando Jesucristo sea manifestado" (1 Pedro 1:13).

Me hubiera gustado saber esto acerca de las listas y de los pasos en ese entonces, y enfocarme en la única lista que realmente importa.

¿Cuál es la lista que tiene Dios hoy para usted?

1. Resista las maneras de pensar del mundo.

Es tiempo de apagar la llamada incesante de los comerciales, las carteleras, los títulos de las revistas y de los consejos de los medios acerca de las formas en que podemos perfeccionarnos. Es tiempo de "[esperar] por completo en la gracia… [de] Jesucristo" (1 Pedro 1:13).

El proceso de desconectarse del mensaje agobiante del mundo puede ser diferente para cada persona y cada familia, pero en mi hogar significa que cuando miramos la televisión, en el momento en que aparecen los comerciales apagamos el sonido o adelantamos la programación. Esta es una época en la que la tecnología facilita la lucha contra la tentación: grabamos prácticamente todos los programas que miramos, lo que hace más fácil evitar que las personas nos digan qué debemos comprar para que nosotros podamos, también, ser hermosos, sonreír y ser glamurosos. Cualquier persona mayor de seis años sabe que obtener un juguete nuevo no le otorgará felicidad instantánea, popularidad o paz, ¿no es cierto? Pero somos influenciados más fácilmente de lo que queremos creer.

El problema no son sólo los comerciales. Cuando *Extreme Make-over: Home Edition* [Renovación Extrema: Edición Hogar] salió por primera vez en la televisión, a mi esposo Phil y a mí nos encantaba verlo. Pero mientras que el trabajo que hacían para ayudar a gente que se encontraba en necesidad era bueno, no fue bueno para mí. Observaba mi casa y pensaba: *Mi casa también necesita mejoras*, lo que resultó en un gran gasto en remodelación. No digo que las personas nunca deban gastar dinero en sus casas o que el trabajo que hicimos no haya sido una bendición para nuestra familia al final. Sólo que si no hubiese visto ese programa, quizás no habría sentido la disconformidad que precipitó la remodelación, o la urgencia de hacerlo en ese momento.

El programa *What Not to Wear* [Lo que no hay que ponerse] me influencia de una manera similar. Me di cuenta de que después de verlo, tengo tendencia a juzgar a otras mujeres por la forma en que se visten y soy más propensa a correr desesperadamente al centro comercial para comprarme algo nuevo (aunque mi armario ya esté completamente lleno).

Me sorprende con cuánta facilidad me dejo influenciar. Cuando miro programas que representan a personas que no tienen esperanza, que son cínicas, envidiosas y autoindulgentes, muchas veces me doy cuenta de que actúo de la misma manera. Aunque sea relajante pasar tiempo frente al televisor, finalmente genera más confusión y autocondenación.

¿Estoy estableciendo otra regla más para que las mujeres cumplan? Por supuesto que no. Simplemente lo hago para que estemos atentas acerca de las formas en que los medios nos influencian y cómo, a pesar de la promesa que imparten de descanso y bienestar, desgastan aún más nuestra alma abrumada. Cuando escuchamos las voces del mundo, somos menos capaces de discernir la voluntad de Dios (que es buena, agradable y perfecta) porque nuestros corazones se dividen en miles de direcciones. Cuando escuchamos las voces del mundo, somos bombardeadas con imágenes de cómo debería ser la vida y somos engañadas bajo la idea de que necesitamos algo más para estar bien. Luchamos constantemente con la sospecha de que nos falta algo importante, que la clave hacia una gran vida está a la vuelta de la esquina, pero nunca podemos encontrarla. Luego, cuando se termina el día, todo el tiempo que pasamos frente a la televisión (o cualquier pantalla) solo sirve para sumar más culpabilidad a la que ya sentíamos.

Lo mismo ocurre con las redes sociales. No permita que las hermosas fotos que sus amigas publican en Facebook o en Instagram la engañen y la lleven a pensar que la vida de los demás es más feliz, más fácil o mejor que la suya. Recientemente escuché a mi amigo, el Pastor Tullian Tchividjian, confesar públicamente que hubo un tiempo en que su familia estaba atravesando muchas peleas, pero sonreían cada vez que tenían que sacarse una foto para publicar en Twitter.

Él no es el único. Las redes sociales son una buena forma de obtener buenas noticias, pero también son una buena forma de propagar envidia, insatisfacción, desesperación y soledad. No importa a cuántos "amigos" les guste una de sus publicaciones o que pongan como favorito uno de sus *tweets*, no es lo mismo que invertir en una relación cara a cara.

Recientemente leí una publicación en Facebook de una joven que mostraba tener todo resuelto. Se jactaba de ser una excelente (y muy feliz) mamá que tenía tres hijos maravillosos con los cuales había pasado un hermoso día de compras con un presupuesto limitado, y que habían llegado a casa justo a tiempo para preparar una cena nutritiva para su querido esposo antes de pasar una noche divertida en familia. ¿De verdad? Cuando leemos cosas así, ¿cómo se supone que debemos reaccionar? Sentimos envidia o desesperación, o determinamos esforzarnos más al día siguiente porque, después de todo, si ella puede hacerlo, nosotras también. A veces quisiera que, de vez en cuando, alguien publicara acerca de cuán desastrosa es, y que sólo pone su confianza en Cristo. *Eso* sí me animaría.

No importa lo que hagamos para vernos como la mujer perfecta de Facebook, nunca seremos capaces de justificarnos a nosotras mismas, porque no podemos. Ninguna mujer mortal puede justificarse a sí misma porque todas somos pecadoras y no podemos engañar a Dios con nuestras fotos repletas de sonrisas falsas. No podemos justificarnos porque ese no es nuestro trabajo. El

Malos consejos QUE RECIBEN LAS MUJERES

¿Cuáles son las cosas más insólitas que les dicen a las mujeres que tienen que hacer para ser más piadosas?

(Las siguientes son respuestas reales a mi reciente publicación en Facebook.)

- Asegúrate de saber cómo hacer manualidades, cocinar comidas deliciosas, decorar tu hogar de manera hermosa y organizar fiestas fabulosas. De esta forma, como mujer, reflejas la imagen de Dios, porque demuestras belleza.
- Ten la "aljaba llena"; es decir, ten tantos bebés como sea físicamente posible.
- Nunca debes ejercer autoridad sobre ningún hombre, en ningún contexto.
- Evita el maquillaje, los tatuajes y las perforaciones en tu cuerpo, son el "uniforme del enemigo." No utilices tacones altos, son inapropiados.

puesto de Justificador ya fue ocupado. Nuestro trabajo es recordar que hemos sido declaradas justas. Ya somos perdonadas; ya somos justificadas.

¿Cuál es la lista que tiene Dios hoy para usted? Ser renovada por medio de la transformación de su mente a medida que reflexiona acerca de lo que Él ya hizo por usted. *Recuerde el evangelio.*

2. Resista los mensajes legalistas de la iglesia.

El mundo no es la única fuente que transmite reglas interminables a nuestros corazones y a nuestras mentes. Lamentablemente,

- No hables de teología con otras mujeres porque es ahí cuando las personas tienden a "descarrilarse."
- Si tienes problemas en tu matrimonio es porque no te sujetas.
- Sonríe aunque las cosas estén mal, así las personas verán "el gozo del Señor."
- La mujer no debería asistir al seminario. Debería casarse y dejar que su esposo sea quien le enseñe.
- Si tu esposo está tomando una mala decisión, mantén la boca cerrada, eso te hace sumisa. No serás de ayuda si le brindas una perspectiva diferente.
- Esfuérzate más.

LAS *buenas noticias*

Pero *al que obra, no se le cuenta el salario como gracia, sino como deuda; mas al que no obra, sino cree en aquel que justifica al impío, su fe le es contada por justicia.* ROMANOS 4:4-5

la iglesia también transmite mensajes de autosuperación, y estos mensajes son difíciles de ignorar porque están enredados en mandatos reales de la Biblia. Como queremos vivir en obediencia, agradecidas por nuestra salvación, los mensajes que provienen de predicadores y escritores cristianos tienen mayor capacidad para condenarnos. Así que cuando escuchamos reglas acerca de lo que deberíamos hacer para agradar a Dios, necesitamos ser buenas estudiantes de la Biblia. Necesitamos preguntarnos: *¿Es esto algo que ordena la Biblia específicamente*? También deberíamos preguntarnos: *¿Es una aplicación sabia de versículos específicos*?

Si la respuesta no es un sí contundente, entonces podemos sentirnos libres de ignorarlas.

Por ejemplo, en los párrafos anteriores sugerí que una de las maneras en que podríamos aplicar sabiamente la enseñanza de Romanos 12:2 es limitando el tiempo que pasamos frente a la televisión. Como no es una orden directa de Dios, usted es libre de ignorarla. La Biblia no establece nada sobre cuánto tiempo podemos pasar frente a una pantalla, de modo que no tengo la autoridad para atar su conciencia de ninguna forma. Si escoge una opción distinta, es libre de hacerlo sin temor. Usted conoce su corazón, sus horarios y la forma en que reacciona a las circunstancias de su vida mejor que yo. Entonces, apáguela si piensa que será bueno para usted, o enciéndala si piensa que eso está bien. Aunque he tratado de ser sabia y medida en los consejos que le doy, estoy aplicando un pasaje que es muy amplio de una manera específica, y el Único con la autoridad de demandar obediencia es Dios.

Asimismo, muchos de los consejos que escuchamos en la iglesia durante las últimas décadas han tergiversado el significado de la Escritura para que se pueda adaptar a nuestras normas culturales. Como Dios ha bendecido de manera especial el matrimonio y la familia, algunas personas en la iglesia han entendido que eso significa que la familia, y en particular el rol que cumple la mujer en la familia, es su único llamado.

Sin embargo, los mensajes de "Sea una madre perfecta" y "Sea una mujer perfecta" no son el evangelio. Esas no son buenas noticias. Es un mensaje falso de autosalvación y no es lo que Jesús nos enseña. Jesús no era machista. Él amaba a las mujeres. No les decía que pasaran sus días preocupadas pensando si se veían lindas para sus esposos o si preparaban almuerzos saludables con comida orgánica. No buscaba una esposa de trofeo que mejorara su reputación o una súper madre que publicara las mejores artesanías en Pinterest. Jesús les dijo a las mujeres que las amaba y que podían descansar en Él.

¿Cuál es la lista que tiene Dios hoy para usted? Él quiere que juzgue si algo de lo que escucha proviene del Señor preguntando cosas como: "¿Es esto algo que Jesús me diría? ¿Él se preocupaba por esas cosas? ¿Esta regla funcionaría en una cultura o en una época distinta?" *Recuerde el evangelio.*

3. *Pregúntese: "Esto que me está preocupando, ¿es eterno?"*

Necesitamos recordar que nuestra posición delante de Dios no se basa en nuestras respuestas puntillosas a las reglas humanas, sino en nuestra fe en obediencia a Otra persona. Por favor, no apile más culpabilidad sobre su vida acerca de cómo se ve o cuán organizado está su armario, ni se mida con cualquier otra vara de este mundo. Todas estas cosas desaparecerán. Envejeceremos, y nuestra piel se arrugará. Algún día, nuestra próxima generación tendrá que vaciar nuestros armarios y llevará toda la basura por la que nos preocupamos al Ejército de Salvación. Todo lo que está en la tierra finalmente será consumido. Estas cosas no producirán corazones llenos de "el incorruptible ornato de un espíritu afable y apacible" (1 Pedro 3:4).

En el Sermón del Monte, Jesús trató el tema de la preocupación en profundidad. Él equiparó la preocupación con los tesoros terrenales:

> No os hagáis tesoros en la tierra, donde la polilla y el orín corrompen, y donde ladrones minan y hurtan; sino haceos tesoros en el cielo, donde ni la polilla ni el orín corrompen, y donde ladrones no minan ni hurtan. Porque

> donde esté vuestro tesoro, allí estará también vuestro corazón. Mas buscad primeramente el reino de Dios y su justicia, y todas estas cosas os serán añadidas.
> MATEO 6:19-21, 33

La preocupación y la ansiedad son los distintivos de las vidas que se enfocan en construir pequeños reinos. Cuando hacemos de algo terrenal nuestro tesoro, nos ahogamos en la preocupación. ¿Por qué? Porque todo lo que tenemos aquí será quemado, consumido por las polillas, destruido por el orín o robado por los ladrones.

Eso significa que tenemos que guardar nuestros corazones de darle demasiado valor a las cosas terrenales. Podemos convertir a nuestra familia y a nuestro trabajo en nuestro pequeño reino; podemos hacer de nuestros planes para obtener un hogar pacífico nuestro tesoro. Ciertamente, no tiene nada de malo que tengamos una familia sólida, un empleo productivo o un hogar lleno de paz, pero estaremos en problemas si hacemos que esas cosas sean la medida de nuestra identidad. Se convierten en nuestro tesoro cuando las utilizamos para darnos valor a nosotras mismas.

Fíjese que el mandato de Jesús no termina con palabras que nos incitan a atesorar los pequeños feudos que tendemos a construir. Su mandato también incluye una advertencia sobre buscar nuestra propia justificación. Él conoce nuestra tendencia: que somos demasiado propensas a buscar nuestra propia justicia. Esa es la razón por la que adquirimos todas las reglas, las listas de tareas y los malos consejos; queremos aprobarnos y asegurarnos de que estamos bien después de todo.

Entonces, ¿cuál es la lista que tiene Dios hoy para usted? Resista todas las voces que le mienten y le dicen que Dios quiere que haga más y que se esfuerce más. Que su corazón descanse en sus

Al haber crecido en una "cultura cristiana" recibí muchos mensajes que afirmaban que Dios quiere que seamos "buenas." Debemos ser modelos de perfección, esconder nuestros fracasos, y trabajar muy duro para ganarnos el amor de las personas que nos rodean y el amor de Dios. Lo que estoy aprendiendo ahora, sin embargo, es que el mensaje de Jesús en los Evangelios no tiene que ver con lavarse las manos antes de comer o hacer que las cosas se vean bien a partir del cumplimiento de reglas externas. Tiene más que ver con hacer el bien para parecernos a Él y para vivir más alineadas con Él. Recientemente comencé a sentir el deseo de someterme a Jesús y de no preocuparme tanto por lo que los demás piensan sobre mí.

LA HISTORIA DE *una mujer*

perfecciones. Escuche su voz. Solamente ahí será capaz de hacer el bien "sin temer ninguna amenaza" (1 Pedro 3:6).

Cuál es la lista que tiene Dios hoy para usted? *Recuerde el evangelio.*

4. Viva en transparencia.

Si es verdad que todos somos pecadores que necesitamos de la gracia y si, con felicidad, Jesús ama a los pecadores, entonces ¿por qué no dejamos de pretender ser algo que no somos? Uno de los motivos por los que estamos tan cansadas es porque nos esforzamos mucho por mantener nuestras caretas en su lugar. Esa es la razón que nos impulsa; es la razón por la que no podemos descansar o admitir nuestras debilidades, o dejar que otros nos vean como somos en realidad. Es la razón por la cual nos sentimos tan amenazadas cuando somos criticadas y por la cual damos vueltas en la cama en la noche, cuando repasamos nuestros fracasos del día. Es la razón por la cual publicamos fotos falsas de cuán felices somos, de qué bien se ven nuestras uñas después de ir a la pedicura, de cuán exquisitos se ven nuestros postres.

Nunca publicamos fotos de cómo no pudimos subirnos el cierre del pantalón, ni escribimos en la actualización de estado acerca de lo mucho que lloramos después de que la foto fue tomada o de cómo revolvemos el cajón de las medicinas cada noche en busca de algo que nos tranquilice.

Tenemos miedo a no merecer el amor que nos ha sido dado, y entonces acumulamos nuestro temor y nuestras insuficiencias en lo profundo de nuestro interior. Aunque es cierto que por nosotras mismas no hay nada que pueda recomendarnos, Dios ha derramado su amor sobre nosotras.

A la luz de esta verdad, podemos vivir vidas transparentes y animar a otras mujeres a hacer lo mismo. Podemos confesar libremente nuestras debilidades y nuestros pecados entre nosotras. Podemos sacarnos nuestras máscaras de mujer de iglesia perfecta, entendiendo que nuestras fallas ya no son las que nos definen. En cambio, somos definidas por la vida perfecta de Aquel que vivió hace dos mil años y por la sangre que vertió en nuestro lugar.

He tenido la oportunidad y el privilegio de viajar por la nación y hablar en conferencias para mujeres, y una de las frases que escucho constantemente es: "Gracias por ser tan real. Gracias por hacerme saber que no soy la única débil." Aunque estoy agradecida por estas respuestas, al mismo tiempo me rompen el corazón. ¿No debería nuestra iglesia ser el lugar donde nos sentimos libres para ser quienes realmente somos: pecadoras que necesitan de un Salvador? Las mujeres cristianas, ¿no deberían sentirse aliviadas al confesar su debilidad y su pecado la una a la otra, porque esas no son las únicas palabras que definen nuestra identidad? ¿No es la declaración del cristianismo saber que necesitamos un Salvador y creer que Él fue provisto para nosotras?

Nuestro pecado es una mala noticia sólo si no tuviéramos un Salvador, pero lo tenemos, y Él prometió que todos nuestros pecados ya han sido borrados (véase 2 Pedro 1:9; Apocalipsis 7:14). Tenemos la "justicia de Dios" en este preciso momento (Romanos 3:22). Llegará el día en que estaremos con Él, completamente libres de nuestras debilidades y de nuestros pecados, y agradecidas por la gracia que nos ha sostenido durante este largo viaje.

¿Cuál es la lista que tiene Dios hoy para usted? Viva su vida de manera transparente y otras mujeres podrán ver que Jesús ama a los débiles, a los cansados, a los heridos, a los pecadores, y quizás ellos también se animen a dejar de fingir.

Y mientras lo hace, ríase mucho. Observe a todas las personas a las que Jesús llamó *santas, escogidas, reales y preciosas* y no reprima su sonrisa. Ríase porque Él es lo suficientemente fuerte para utilizar a los quebrantados para edificar su Iglesia. Deje de mirar a las personas de la Biblia como héroes a los que tiene que imitar. No intente ser como Moisés o como María, ni se le ocurra ser como Daniel. En cambio, humille su rostro ante Aquel que nunca cometió pecado y alégrese. Después de todo, existe solo un Héroe en la Biblia, y Él es todo lo que necesitamos.

Observe a las personas de la Biblia y sonría porque Dios, en su infinita sabiduría, dejó bien claro que nadie, excepto el Hijo, se merece el título de *amado*... y sin embargo, ¡así nos llama a nosotras! Somos las hijas amadas con las que Él se complace. Así que ríase de usted misma a medida que comienza a entender las ocurrencias que Él le cuenta a través de su propio quebrantamiento.

Se nos ha llamado a ayudar a otras mujeres a dejar caer sus máscaras y a vivir con transparencia, vulnerabilidad y autenticidad. De eso hablaba Juan cuando expresó: "Pero si andamos en luz, como él está en luz, tenemos comunión unos con otros, y la sangre de Jesucristo su Hijo nos limpia de todo pecado. Si decimos que no tenemos pecado, nos engañamos a nosotros mismos, y la verdad no está en nosotros" (1 Juan 1:7-8).

Andar en luz simplemente significa que abrimos nuestras vidas a la luz de su Palabra y dejamos que penetre en nuestros corazones, y que brille en la profundidad de cada rincón secreto donde todavía creemos que Él no es suficiente. Luego, dejamos que la verdad de su amor y de su recibimiento nos exponga y nos transforme. Esto puede suceder solamente cuando somos nosotras mismas, no cuando pretendemos ser algo que no somos. El pecado nunca se desvanece en la oscuridad. Por el contrario, somos transformadas cuando admitimos quiénes somos y, luego, descansamos en todo lo que Él hizo por nosotras.

¿Cuál es la lista que tiene Dios hoy para usted? Mírese bien a usted misma y ríase del sentido del humor que tiene Dios al llamarla santa. Y mientras lo hace, admítale la verdad acerca de su vida a alguien más, pues de todos modos esa persona ya lo sabe. Luego, las dos pueden reírse juntas por lo bajo y alegrarse en la gracia. *Recuerde el evangelio.*

5. Sométase.

Como mujeres, hemos escuchado muchos mensajes acerca de la sumisión, ¿no es así? Escuchamos que todos los cristianos deben someterse unos a otros en el temor de Dios (Efesios 5:21). Hemos escuchado que las esposas deben tomar una posición de sujeción al liderazgo de servicio de su esposo (véase Efesios 5:22). También escuchamos que tanto la mujer como el hombre deben someterse a sus líderes de la iglesia (véase Hebreos 13:17) y a los líderes del gobierno (Romanos 13:1). Estoy contenta por estas enseñanzas.

Sin embargo, me pregunto a cuántas mujeres (u hombres) se les ha enseñado que la sumisión principal que necesitamos buscar más que ninguna otra es la sumisión a la justicia de Dios. ¿Cuántos sermones del Día de la Madre ha escuchado que hablan de que debería descansar de sus tareas y someterse a la justicia imputada de Cristo?

Hablemos de la sumisión en las relaciones, pero hablemos aún más acerca de la sumisión a su plan de brindarnos justificación para que no tengamos que luchar por "la justicia que es por la ley (Romanos 10:5). ¿Por qué? Porque la mujer que busca establecer su propia justicia y su bienestar bajo el cumplimiento de la ley se encuentra bajo la maldición de la desobediencia. Simplemente, no puede hacerlo.

La verdadera sujeción requiere lo siguiente: "Porque con el corazón se cree para justicia, pero con la boca se confiesa para salvación... Porque no hay diferencia entre judío y griego, pues el mismo que es Señor de todos, es rico para con todos los que le invocan; porque *todo aquel que invocare el nombre del Señor, será salvo*" (Romanos 1:10, 12, 13; énfasis añadido).

¿Qué se necesita para someterse? Se necesita humildad. Se necesita un corazón como el de un niño que diga: "*No puedo hacer esto, Papi. ¿Me ayudas?*" Se necesita llegar al fondo de nosotras mismas en agotamiento y desesperación. Se necesita que dejemos morir el corazón de "Voy a tomar valor y demostrar que estoy bien después de todo." Y allí, en medio de nuestra suposición de que todo está perdido y de que estamos destinadas a la perdición, es donde nos encontramos más cerca de la gracia. Desde allí, la verdadera justicia está a un llamado de distancia. Invoque el nombre del Señor, ¡y será salva!

¿Cuál es la lista que tiene Dios hoy para usted? Sométase a su justicia. *Recuerde el evangelio.*

6. Coloque la ley en el lugar que le corresponde.

A la luz de todo lo que he dicho en contra de las listas de tareas, de los pasos y de los malos consejos, se preguntará si lo que quiero decir es que vivamos nuestras vidas de la manera que nos plazca. Después de todo, si la gracia y la justificación que Jesús nos brindó son tan poderosas, entonces quizás no debamos preocuparnos acerca del pecado. Si se hace esa pregunta, déjeme decirle que no es la única persona. Los detractores de Pablo se preguntaron lo mismo cuando escucharon acerca de la asombrosa declaración de la gracia de Dios para aquellos que habían ignorado la ley escrita en sus conciencias (los gentiles) y para aquellos que habían ignorado la Ley otorgada en el Monte Sinaí (los judíos).

Pablo enmarcó su pregunta de la siguiente manera: "¿Perseveraremos en el pecado para que abunde la gracia?" (Romanos 6:1).

En otras palabras, aquellas de nosotras que hemos confiado en Cristo y que hemos probado su gracia a pesar de nuestro pecado, ¿deberíamos simplemente arrojarnos a cometer más pecados para que Él pueda mostrar cuán grande es su gracia? Después de todo, si Dios se glorifica mediante el derramamiento de su gracia sobre los pecadores, entonces ¿no recibiría Él más gloria si derramara su gracia sobre peores pecadores?

Pablo no se equivocó en la respuesta que dio sobre esta pregunta. Emitió una renuncia contundente a tal pensamiento: "En ninguna manera" (Romanos 6:2). La verdad es que el mensaje del evangelio nunca debería generar en nosotras una actitud indiferente hacia la ley de Dios. En cambio, el mensaje de la gracia de Dios debería hacernos desear obedecerlo aún más, no menos; sin embargo, nunca debemos permitir que la ley nos haga pensar que Dios está sentado en los cielos, moviendo su pie impacientemente, a la espera de que actuemos correctamente. El mensaje de lo que nuestro Salvador hizo por nosotras debería motivarnos a desear tener una vida en la que cumplamos con agradecimiento su voluntad.

Pablo nos recuerda: "porque el fin de la ley es Cristo, para justicia a todo aquel que cree" (Romanos 10:4). ¿Buscamos obedecer la ley de Dios? Por supuesto, pero solamente porque estamos agradecidas por lo que Cristo ya hizo por nosotras y no porque tratemos de ganar algún mérito o porque intentemos apaciguarlo.

¿Cuál es la lista que tiene Dios hoy para usted? Vivir en obediencia con agradecimiento, y saber que incluso cuando se equivoca, usted es perdonada, justificada y amada. La ley ya no tiene poder para condenarla. Quite ese pensamiento de su mente, pero permita que la guíe en la forma en que responde a su infinito amor. *Recuerde el evangelio.*

7. *Sepa quién es usted realmente.*

Estamos unidas a Jesús. Cuando Él murió en el Calvario para pagar por nuestro pecado, nosotras morimos allí con Él. Y si es verdad que morimos con Él, podemos saber que también resucitaremos con Él. Nuestra esclavitud al pecado ha finalizado. Eso no significa que nunca lucharemos contra el pecado o que esa lucha no nos desesperará por momentos, pero sí significa que el poder del pecado que nos condena y nos llena de culpabilidad cuando disminuye nuestra obediencia, ya se ha terminado.

Maneras santas DE LIDIAR CON EL FRACASO

¿De qué maneras saludables está aprendiendo a responder a los sentimientos de fracaso?

(Las siguientes son respuestas recopiladas de grupos de debate).

- Comienzo a aprender que puedo entregarle mis sentimientos a Jesús, creyendo que hay amor, esperanza y libertad en Él, sin importar mis fracasos y lo que el mundo dice sobre mí. Él me ofrece un nuevo comienzo.
- Me vuelvo reservada y me siento atrapada al principio, pero finalmente caigo rendida a los pies de mi Salvador. Sé que Él quiere mi corazón, no mis obras.
- Durante años respondí encerrándome en mí misma. El año pasado aprendí que mi fracaso es mi oportunidad para crecer y aprender. Mi primer instinto es encerrarme y darme por vencida, pero después de respirar profundo por unos minutos y quizás de algunas lágrimas, comienzo a descansar en Dios. Me he escuchado decir: "Dios, ¿quién me salvará de este asunto?" Y luego me doy cuenta: ¡Cierto que *tu Hijo ya lo hizo!*.
- Trato de acercarme a Dios desde el principio, no sólo cuando mis emociones están al límite. Estoy aprendiendo a reconocer que no puedo hacerlo sola y que necesito de Él a cada minuto.

Ahora cuando pecamos, en lugar de caer en un pozo de autocondenación y culpabilidad, podemos mirar al cielo y decir: "Gracias, Señor, por recordarme una vez más mi necesidad de un Salvador y de cómo sufriste en mi lugar. Gracias por haberme librado del poder

- Clamo al Señor con lágrimas y le pido que me ayude a atravesar la situación.
- Le pido a mi esposo, a mis amigos cercanos o incluso a mis hijos, que oren por mí.
- Estoy aprendiendo a enfocarme en el valor eterno de mis decisiones.
- Me aseguro de estar en una comunión sana con otras mujeres cristianas.
- A veces salgo a dar una vuelta sola en el auto, escucho música, oro en silencio o lloro con el Señor.
- Me predico el evangelio a mí misma. Reconozco que soy perfecta gracias a Cristo, no por mi comportamiento. Por causa de Jesús, Dios está complacido conmigo.
- Me rindo a Jesús y afirmo: "¡Creo! ¡Ayuda mi incredulidad!"
- Le pido a Jesús que me revele lo que está torcido en mi corazón, que me muestre la perspectiva equivocada que tengo de Dios que me lleva a sentir que fracaso. No soy un fracaso porque Él no es un fracaso, y yo estoy escondida en Él.
- Antes solía mandarles un mensaje de texto a mis amigas para pedirles su consejo. Ahora empiezo a hablar con Jesús primero y principalmente. Si encuentro mentiras, las escribo y las pongo al lado de sus verdades.
- Por la gracia de Dios, mis ojos están siendo abiertos para ver quién es Dios, quién soy yo a la luz de su persona y cómo me ha perdonado.

de la culpabilidad y por hacerme tu hija amada. Gracias porque el castigo de la muerte por el pecado nunca se apoderará de mí. Creo que ahora, aunque haya fallado, vivo por ti. Por favor, permíteme seguir creyendo en el evangelio, sin importar cuánto falle."

¿Cuál es la lista que tiene Dios hoy para usted? ¡Recuerde quién es usted ahora! Tiene una vida nueva. Resucitó de su vida vieja y muerta, tal como Jesús resucitó de entre los muertos por la gloria del Padre. *Recuerde el evangelio.*

8. Acepte que usted es una nueva criatura.

Estas son las gloriosas buenas noticias: somos hechas nuevas. Por supuesto, deberíamos buscar obedecer la Palabra de Dios, pero nunca deberíamos permitirnos volver a la esclavitud de las reglas hechas por hombres para obtener la bendición de Dios. El Reino de Dios no es una meritocracia humana; es un Reino gobernado por la generosidad gratuita del Rey, quien ha hecho todo y dado todo por nosotras.

Somos hechas nuevas. Ya no necesitamos probar nuestro valor ni intentar aplacar los sentimientos de culpa de nuestra conciencia. Buscamos vivir de una manera que le agrade al Señor, pero solo lo hacemos porque Él ya nos ha hecho agradables delante de Él.

Somos hechas nuevas. Podemos recostar nuestra cabeza en la almohada cada noche y agradecerle porque en todos nuestros fracasos (y en todos nuestros éxitos) contamos con su amor, con su perdón y con su sonrisa; y podemos orar para pedirle la gracia que necesitamos para creer y obedecer al día siguiente.

Somos hechas nuevas. En lugar de compararnos con otras personas y pensar que ellas son más o menos santas que nosotras, podemos alegrarnos de que el Señor ya ha declarado "justicia" sobre nosotras y que Él influenciará nuestros corazones para llevarnos al lugar en el que necesitamos estar, en el momento en el que necesitemos estar allí.

Somos hechas nuevas. Ya no necesitamos buscar justificarnos a nosotras mismas al vestirnos de cierta forma, comer de cierta forma, marchar por alguna causa o tener determinada cantidad de hijos. Ya no tenemos que justificarnos a nosotras mismas, porque ya somos justificadas.

Somos hechas nuevas. Ya no tenemos que luchar para perdonarnos a nosotras mismas porque ya fuimos perdonadas por la única Persona cuya opinión importa.

Este recordatorio de Graeme Goldsworthy nos ayudará a equiparnos para pelear contra aquellos mensajes que nos dicen cuáles son las reglas que tenemos que cumplir para ser justas:

> Todos los frutos del evangelio son simplemente eso: frutos *del evangelio*. Regeneración, fe, santificación y perseverancia final son todos ellos frutos del evangelio. No pueden crecer en otro árbol. Las demandas legalistas, el embaucamiento y la intimidación para "un mayor compromiso" y "una rendición total", cuando se desprenden de la gracia del evangelio son malezas que sólo pueden producir desaliento, desilusión y rebeldía.[48]

¿Cuál es la lista que tiene Dios hoy para usted? *Recuerde el evangelio.*

La bendición final

Escuche y crea que esta palabra de bendición del Señor es para usted: "Jehová te bendiga, y te guarde; Jehová haga resplandecer su rostro sobre ti, y tenga de ti misericordia; Jehová alce sobre ti su rostro, y ponga en ti paz" (Números 6:24-26).

Estas son las buenas noticias para su alma cansada: no tiene que hacer nada más que creer en el evangelio para que Dios le sonría. Usted ya tiene su bendición, su protección, su gracia y su promesa de profunda paz. Ya todo eso es suyo. Puede descansar de su trabajo.

> [Jesús dijo] "Vengan a mí todos los que estáis trabajados y cargados, y yo os haré descansar". MATEO 11:28

Preguntas PARA REFLEXIONAR Y DEBATIR

1. En muchos lugares de la Escritura, Dios se refiere a su pueblo como su "posesión" o "especial tesoro" (Éxodo 19:5; Deuteronomio 7:6; 14:2; 26:18; Tito 2:14). ¿Qué significa para usted que, aunque no sea perfectamente obediente, la obra de Cristo en su lugar la ha convertido en el especial tesoro de Dios?

2. Vuelva a mirar la lista de las ocho cosas que bosquejé para usted en este capítulo. ¿Cuáles son más significativas para usted? ¿Cuáles comenzará a hacer hoy?

3. Mire nuevamente la sección "Acepte que usted es una nueva criatura." ¿En qué momentos le resulta más difícil creer que Dios la ha hecho una nueva criatura? ¿Cuándo fue que realmente entendió que ha sido hecha nueva?

4. Lea Mateo 11:28-30: "Venid a mí todos los que estáis trabajados y cargados, y yo os haré descansar. Llevad mi yugo sobre vosotros, y aprended de mí, que soy manso y humilde de corazón; y hallaréis descanso para vuestras almas; porque mi yugo es fácil, y ligera

mi carga." ¿Qué quiere decir Jesús cuando afirma que su "yugo es fácil y ligera su carga"? ¿De qué manera le ha dado Dios descanso?

5. Resuma lo que ha aprendido en este capítulo en cuatro o cinco oraciones.

6. Resuma lo que ha aprendido en este libro. Si una amiga le preguntara de qué se trata este libro, ¿qué le respondería? Si tuviera que presentarle este libro a un grupo de niñas de séptimo grado (¡ay!), ¿qué les diría?

APÉNDICE 1

LA MEJOR NOTICIA *de* TODAS

NO EMPECÉ A ENTENDER el evangelio hasta el verano anterior a mi vigésimo primer cumpleaños. A pesar de que había ido a la iglesia y a la escuela dominical de vez en cuando en mi infancia, en realidad eso nunca me transformó de manera significativa. Yo entendía, sin comprender realmente, la importancia de la Navidad y la Pascua. Recuerdo mirar las hermosos vidrieras, con su rojo arándano y profundo azul cerúleo, y mientras apreciaba la imagen de Jesús llamando a la puerta de un jardín, tenía una vaga sensación de que ser religioso era algo bueno, pero no tenía ni la menor idea de lo que significaba el evangelio. Estoy bastante segura de que no fue la culpa de mis amorosos maestros de escuela dominical; era sólo que mi corazón todavía no había sido ablandado por el evangelio.

Durante la adolescencia, estaba constantemente en problemas, y me enojaba con todos los que me lo remarcaban. Vivía todo el tiempo llena de ira y desesperación. Hubo noches en que oraba para poder ser buena o, más específicamente, para poder resolver cualquier problema en el que me encontrara. Le pedía a Dios que me ayudara a ser mejor, pero sólo lograba decepcionarme por mis fracasos al día siguiente.

A los diecisiete años, justo después de graduarme de secundaria, me casé. Antes de que comenzara la tercera década de mi vida, me había casado, tenía un bebé y me había divorciado. En los meses y años que siguieron, descubrí los efectos anestésicos de las drogas, el alcohol y las relaciones ilícitas. Aunque era conocida como una chica a la que le gustaba salir de fiesta, estaba completamente perdida y triste, y estaba empezando a darme cuenta de ello.

En un momento dado, recuerdo haberle dicho a una amiga que me sentía como si fuera una mujer de cincuenta años de edad, que en ese momento de mi vida era lo más vieja que podía imaginarme que podría ser. Estaba exhausta y asqueada, así que decidí intentar mejorarme a mí misma. Comencé a trabajar en una oficina a tiempo completo, tomé un curso en una universidad local pequeña, y cuidaba a mi hijo. Cambié el modo en que vivía y traté de empezar de nuevo. No sabía que el Espíritu Santo estaba trabajando en mi corazón, llamándome hacia el Hijo; sólo sabía que algo tenía que cambiar. Todavía estaba viviendo una vida vergonzosamente malvada; simplemente estaba empezando a despertar a una posibilidad diferente.

En ese momento, Julie entró en mi vida. Era mi vecina de al lado, y era cristiana. Era muy amable conmigo, y nos hicimos amigas rápidamente. Ella tenía una calidad de vida que me atrajo, y siempre hablaba conmigo sobre su Salvador, Jesús; me hacía saber que estaba orando por mí y siempre me alentaba para que "fuera salva." A pesar de que había oído acerca de eso en la escuela dominical, lo que ella tenía para contarme parecía completamente diferente a lo que recordaba haber escuchado. Me explicó que tenía que nacer de nuevo.

Y así, en una cálida noche de junio de 1971, me arrodillé en mi pequeño apartamento y le expresé al Señor que quería ser suya. En ese momento realmente no entendía mucho acerca del evangelio, pero sí sabía esto: estaba perdida, y creía desesperadamente que el Señor me ayudaría. Esa oración aquella noche lo cambió todo. Ahora lo recuerdo, cuarenta y tres años más tarde, como si hubiera sido ayer.

Yo sabía que necesitaba ser salvada, y confiaba en que Cristo me podría salvar. Del mismo modo, un hombre que comenzó a juntarse con algunos de los seguidores de Jesús les preguntó: "¿Qué debo hacer para ser salvo?" La respuesta fue simple: "Cree en el Señor Jesucristo, y serás salvo" (Hechos 16: 30-31).

¿Qué es lo que tiene que hacer para ser cristiana? Sólo hay dos cosas que necesita creer. En primer lugar, tiene que saber que necesita salvación, ayuda y liberación. No debe intentar reformarse a sí misma o buscar convertirse en una persona moral, para así poder impresionar a Dios. Como Él es completamente santo, es decir, perfectamente moral, tiene usted que renunciar a cualquier idea de que puede ser lo suficientemente buena para cumplir con sus reglas. Esa es la buena mala noticia. Es una mala noticia porque confirma que se encuentra en una situación imposible que no podrá cambiar, pero también es una buena noticia porque la libera de ciclos sin fin de automejora que finalmente terminan en fracaso.

Y las malas noticias la conducen a la buena noticia de que Jesús ya ha hecho lo que usted no puede hacer por usted misma. Él vivió una vida perfectamente santa en lugar de usted; este es el evangelio. Básicamente, el evangelio es la historia de cómo Dios miró hacia abajo a través de los corredores del tiempo y puso su amor en su pueblo. En un punto específico en el tiempo, envió a su Hijo al mundo para que fuera plenamente como nosotros.

Esta es la historia que escuchamos en Navidad. Este bebé llegó a ser un hombre, y después de treinta años en el anonimato, Jesús comenzó a mostrarle a la gente quién era. Lo hizo a través de milagros, la sanidad de enfermos y su resurrección de entre los muertos. También demostró su deidad enseñándole a la gente lo que Dios requería de ellos, y continuamente predijo su próxima muerte y resurrección. También hizo una cosa más: declaró que era Dios.

Debido a que Jesús afirmaba que era Dios, los líderes religiosos principales, junto con los poderes políticos de esa época, dieron una sentencia injusta de muerte sobre Él. Aunque nunca hizo nada malo, fue golpeado, burlado y vergonzosamente ejecutado. Cuando murió, parecía como si hubiera fracasado, pero su muerte era parte del plan de Dios desde el principio.

El cuerpo de Jesús fue bajado de la cruz y puesto en un sepulcro de piedra en un huerto. Después de tres días, algunos de sus seguidores fueron a encargarse adecuadamente de sus restos, pero cuando llegaron, descubrieron que había resucitado de entre los muertos. Ellos hablaron con Él, lo tocaron y comieron con Él. Esta es la historia que celebramos en la Pascua. Después de otros cuarenta días, Él fue llevado de vuelta al cielo, todavía en su forma física, y les dijeron a sus seguidores que Él volvería a la tierra de la misma forma.

Mencioné que necesitaba creer en dos cosas para ser cristiana. Además de saber que necesita más ayuda de la que usted o cualquier otra persona jamás podría brindarle, también debe creer que Jesús, el Cristo, es quien le brindará esa ayuda y que si se acerca a Él, Él no le dará la espalda. No es necesario que entienda mucho más que eso. Si usted cree estas verdades, será recibida por Él a través de su amor, y puede estar segura de que tiene la vida eterna.

Al leer estos versículos de la Biblia, puede hablar con Dios como si Él estuviera sentado a su lado (después de todo, ¡su presencia está en todas partes!). Puede pedirle ayuda para entenderlos. Recuerde que su ayuda no se basa en su capacidad de comprender perfectamente, y no se basa en nada de lo que usted haga. Si confía en Él, Él le ha prometido que la ayudará, y eso es todo lo que necesita saber por ahora.

> Por cuanto todos pecaron, y están destituidos de la gloria de Dios. ROMANOS 3:23

> Porque la paga del pecado es muerte, mas la dádiva de Dios es vida eterna en Cristo Jesús Señor nuestro. ROMANOS 6:23

> Porque Cristo, cuando aún éramos débiles, a su tiempo murió por los impíos. Ciertamente, apenas morirá alguno por un justo; con todo, pudiera ser que alguno osara morir por el bueno. Mas Dios muestra su amor para con nosotros, en que siendo aún pecadores, Cristo murió por nosotros. ROMANOS 5: 6-8

> Al que no conoció pecado, por nosotros [Dios] lo hizo pecado, para que nosotros fuésemos hechos justicia de Dios en él. 2 CORINTIOS 5:21

> Si confesares con tu boca que Jesús es el Señor, y creyeres en tu corazón que Dios le levantó de los muertos, serás

salvo. Porque con el corazón se cree para justicia, pero con la boca se confiesa para salvación. Pues la Escritura dice: Todo aquel que en él creyere, no será avergonzado. Porque no hay diferencia entre judío y griego, pues el mismo que es Señor de todos, es rico para con todos los que le invocan; porque todo aquel que invocare el nombre del Señor, será salvo. ROMANOS 10: 9-13

[Jesús dijo:] "El que a mí viene, nunca tendrá hambre." JUAN 6:37

Si alguno está en Cristo, nueva criatura es; las cosas viejas pasaron; he aquí todas son hechas nuevas.
2 CORINTIOS 5:17

[Jesús dijo:] "Venid a mí todos los que estáis trabajados y cargados, y yo os haré descansar. Llevad mi yugo sobre vosotros, y aprended de mí, que soy manso y humilde de corazón; y hallaréis descanso para vuestras almas."
MATEO 11:28-29

Ahora, pues, ninguna condenación hay para los que están en Cristo Jesús no hay ninguna condenación para los que están en Cristo Jesús. ROMANOS 8:1

Si así lo desea, puede hacer una oración como esta:

Querido Dios:

Admito que no entiendo todo sobre esto, pero sí creo estas dos cosas: que necesito ayuda, y que tú quieres ayudarme.

Confieso que prácticamente te he ignorado durante toda mi vida, excepto cuando estaba en problemas o simplemente quería sentirme bien conmigo misma. Sé que no te he amado ni a ti ni a mi prójimo como debía, por lo que es verdad que merezco ser castigada, y realmente necesito ayuda.

Pero también creo que me has traído aquí, en este momento, a que leyera estas páginas, porque estás dispuesto a ayudarme. Si te pido ayuda, sé que no me dejarás con las manos vacías. Estoy comenzando a entender que castigaste a tu Hijo en mi lugar y que, a causa de su sacrificio por mí, puedo tener una relación contigo.

Padre, por favor, guíame a una buena iglesia y ayúdame a entender tu Palabra. Te entrego mi vida y te pido que me hagas tuya.

En el nombre de Jesús, amén.

En su bondad, Jesús estableció su iglesia para animarnos y para ayudarnos a comprender y a vivir estas dos verdades. Si usted entiende que necesita ayuda y cree que Jesús es capaz de suministrarle esa ayuda (o si todavía está cuestionándose, pero quiere saber más), por favor busque una buena iglesia en su área y comience a relacionarse con personas allí. Una buena iglesia es una que reconozca que no podemos salvarnos a nosotros mismos por nuestra propia bondad y que sólo Cristo Jesús (y nadie más) puede traernos esa salvación.

Puede buscar y preguntar cuáles son las iglesias que cumplen con estos requisitos, o puede buscar en línea y obtendrá un listado de las iglesias que hay en su zona. La mayoría de las iglesias tienen algo que se llama "declaración de fe" en su página web, donde se puede obtener información acerca de la misma. Los

Mormones y los Testigos de Jehová no son iglesias cristianas, y ellos no creen en el evangelio (a pesar de que pueden indicarle que sí lo hacen), por lo que no querrá ir allí.

Encontrar una buena iglesia es a veces un proceso bastante complejo, así que no se desanime si no encuentra una de inmediato. Siga intentándolo, y siga creyendo que Dios le ayudará.

Otra práctica que le ayudará a crecer en esta nueva vida de fe es empezar a leer lo que Dios ha dicho sobre sí mismo y sobre nosotros en su Palabra: la Biblia. En el Nuevo Testamento (el último tercio o menos de la Biblia), hay cuatro Evangelios, o narrativas, sobre la vida de Jesús. Yo le recomiendo que empiece con el primero, Mateo, y luego siga adelante con los otros tres. También le recomiendo que compre una buena traducción moderna (no una paráfrasis), como la Nueva Versión Internacional.

Si usted ha decidido durante la lectura de este libro que desea seguir a Jesús, me gustaría que pueda contactarse conmigo a través de mi página web: www.elysefitzpatrick.com.

Confío en que el Señor continuará ayudándola a comprender el evangelio y a convertirse en lo que Él quiere que sea: una persona que ha sido tan amada por Él que ahora es transformada tanto en su identidad como en su vida.

APÉNDICE 2

PORCIONES *de la* ESCRITURA *para* MUJERES CANSADAS

Cuando crea que ha cometido demasiados errores para ser aceptada por Dios…

Jehová ha apartado tus juicios, ha echado fuera tus enemigos; Jehová es Rey de Israel en medio de ti; nunca más verás el mal. SOFONÍAS 3:15

Mas Dios muestra su amor para con nosotros, en que siendo aún pecadores, Cristo murió por nosotros. Pues mucho más, estando ya justificados en su sangre, por él seremos salvos de la ira. ROMANOS 5:8-9

Así que, como por la transgresión de uno vino la condenación a todos los hombres, de la misma manera por la justicia de uno vino a todos los hombres la justificación de vida. ROMANOS 5:18

Ahora, pues, ninguna condenación hay para los que están en Cristo Jesús, los que no andan conforme a la carne, sino conforme al Espíritu. ROMANOS 8:1

Sabiendo que el hombre no es justificado por las obras de la ley, sino por la fe de Jesucristo, nosotros también hemos creído en Jesucristo, para ser justificados por la fe de Cristo y no por las obras de la ley, por cuanto por las obras de la ley nadie será justificado. GÁLATAS 2:16

En quien tenemos redención por su sangre, el perdón de pecados según las riquezas de su gracia. EFESIOS 1:7

Porque con una sola ofrenda hizo perfectos para siempre a los santificados. HEBREOS 10:14

Cuando esté cansada de luchar en su búsqueda por agradar a Dios...

[El Señor] No ha hecho con nosotros conforme a nuestras iniquidades, ni nos ha pagado conforme a nuestros pecados. Porque como la altura de los cielos sobre la tierra, engrandeció su misericordia sobre los que le temen. Cuanto está lejos el oriente del occidente, hizo alejar de nosotros nuestras rebeliones. SALMOS 103:10-12

Pero ahora, aparte de la ley, se ha manifestado la justicia de Dios... la justicia de Dios por medio de la fe en Jesucristo, para todos los que creen en él. ROMANOS 3:21-22

Pero al que obra, no se le cuenta el salario como gracia, sino como deuda; mas al que no obra, sino cree en aquel que justifica al impío, su fe le es contada por justicia. ROMANOS 4:4-5

¿Quién acusará a los escogidos de Dios? Dios es el que justifica. ¿Quién es el que condenará? Cristo es el que murió; más aun, el que también resucitó, el que además está a la diestra de Dios, el que también intercede por nosotros. ROMANOS 8:33-34

En esto consiste el amor: no en que nosotros hayamos amado a Dios, sino en que él nos amó a nosotros, y envió a su Hijo en propiciación por nuestros pecados. 1 JUAN 4:10

Cuando intente estar bien según su propia perspectiva...

Sed, pues, vosotros perfectos, como vuestro Padre que está en los cielos es perfecto. MATEO 5:48

[Jesús dijo:] No penséis que he venido para abrogar la ley o los profetas; no he venido para abrogar, sino para cumplir. MATEO 5:17

Porque ignorando la justicia de Dios, y procurando establecer la suya propia, no se han sujetado a la justicia de Dios; porque el fin de la ley es Cristo, para justicia a todo aquel que cree. ROMANOS 10:3-4

Sabiendo que el hombre no es justificado por las obras de la ley, sino por la fe de Jesucristo... por cuanto por las obras de la ley nadie será justificado. GÁLATAS 2:16

Con Cristo estoy juntamente crucificado, y ya no vivo yo, mas vive Cristo en mí... pues si por la ley fuese la justicia, entonces por demás murió Cristo. GÁLATAS 2:20-21

¡Oh gálatas insensatos! ¿Quién os fascinó...? Esto solo quiero saber de vosotros: ¿Recibisteis el Espíritu por las obras de la ley, o por el oír con fe? ¿Tan necios sois? ¿Habiendo comenzado por el Espíritu, ahora vais a acabar por la carne? GÁLATAS 3:1-3

Pero cuando vino el cumplimiento del tiempo, Dios envió a su Hijo, nacido de mujer y nacido bajo la ley para que redimiese a los que estaban bajo la ley, a fin de que recibiésemos la adopción de hijos. GÁLATAS 4:4-5

Estad, pues, firmes en la libertad con que Cristo nos hizo libres, y no estéis otra vez sujetos al yugo de esclavitud. GÁLATAS 5:1

Cuando busque desesperadamente el verdadero descanso...

Dios, Dios mío eres tú; de madrugada te buscaré; mi alma tiene sed de ti, mi carne te anhela, en tierra seca y árida donde no hay agua...

Porque has sido mi socorro, y así en la sombra de tus alas me regocijaré. Está mi alma apegada a ti; tu diestra me ha sostenido. SALMO 63:1, 7-8

[El Señor dice:] "Porque satisfaré al alma cansada, y saciaré a toda alma entristecida." JEREMÍAS 31:25

[Jesús dijo:] Venid a mí todos los que estáis trabajados y cargados, y yo os haré descansar. Llevad mi yugo sobre vosotros, y aprended de mí, que soy manso y humilde de corazón; y hallaréis descanso para vuestras almas; porque mi yugo es fácil, y ligera mi carga. MATEO 11:28-30

En el último y gran día de la fiesta, Jesús se puso en pie y alzó la voz, diciendo: Si alguno tiene sed, venga a mí y beba. JUAN 7:37

Y vemos que no pudieron entrar [en descanso] a causa de incredulidad. HEBREOS 3:19

Temamos, pues, no sea que permaneciendo aún la promesa de entrar en su reposo, alguno de vosotros parezca no haberlo alcanzado… Porque el que ha entrado en su reposo, también ha reposado de sus obras, como Dios de las suyas. HEBREOS 4:1, 10

Acerquémonos, pues, confiadamente al trono de la gracia, para alcanzar misericordia y hallar gracia para el oportuno socorro. HEBREOS 4:16

Y habiendo sido perfeccionado, [Jesús] vino a ser autor de eterna salvación para todos los que le obedecen.
HEBREOS 5:9

RECONOCIMIENTOS

¿POR DÓNDE PODRÍA EMPEZAR a agradecer a todos los que hicieron posible que escribiera este libro? Voy a decir desde el principio que seguramente no recuerde mencionar a todos lo que debería. Por favor, perdónenme. Me resulta prácticamente imposible darles las gracias a las muchas personas que han hecho posible este trabajo; a las que me han enseñado, alentado, a las que han orado por mí y a las que me han bendecido de más formas de las que podría expresar... pero voy a intentarlo.

Estoy agradecida por todos los "sabios escritores muertos" que han formado mi pensamiento a través de incontables libros. Estoy agradecida por todos los hombres y mujeres no tan viejos, y que aún no han muerto, que me han enseñado y me han abierto los ojos a la verdad de las buenas noticias y a las maneras en que las buenas noticias transforman nuestras vidas. Aquí estoy pensando sobre todo en mis queridos amigos Tullian Tchividjian, Justin Holcomb, Paul Tripp, y Iain y Barb Duguid. Agradezco al ministerio de White Horse Inn, Issues Etc., a la red KeyLife, al Seminario Westminster de California y a los maravillosos pastores y ancianos que han derramado sabiduría en mi vida en los últimos años a través de muchos sermones a los que he asistido y otros a los que he accedido en línea.

Le agradezco a mi iglesia, La Comunidad de Valley Center, y en particular a mis pastores y ancianos allí: John Sale, David Wojnicki, Tony Suitor, Paul Benemen, Jon Walters, Jason Smith, y mi esposo, Phil. Estoy agradecida por mis amigos de la iglesia que han orado por mí a lo largo de este proceso y me han excusado en el servicio. Estoy agradecida por nuestro grupo gospel de la comunidad, especialmente a Margaret, Shannon, Kimm, Michele, Paula, Ilyse y a todos los varones, y por las formas en que han orado por mí.

Gracias a todos mis amigos de Facebook que han orado por mí, por todos los mensajes que he recibido por correo electrónico o por Twitter, que me hacían saber que me presentaban delante de su trono. Gracias.

También estoy muy agradecida por mis queridas mejores amigas de toda la vida, especialmente Julie, Donna y Anita. Gracias por amarme y por seguir orando por mí.

Le agradezco particularmente a la editorial Resurgence Publishing, a John Weston, y a mis nuevos amigos de Tyndale House, especialmente a Stephanie Rische, una editora extraordinaria. No podría haber contado con todos ellos, sin embargo, y este libro no habría sido escrito si no hubiera tenido el cuidado amable, el generoso estímulo y la ayuda inestimable del pastor Mark Driscoll y de los ancianos ejecutivos de Mars Hill. Gracias por todo lo que hacen para el Señor y por la valentía que demuestran al defenderlo a Él en este tiempo. Gracias por amar tanto a las mujeres como para querer hablarles sobre la verdad, y no cargarlas de actividades y obligaciones en sus vidas. Un especial agradecimiento también para Hilary Tompkins, líder del ministerio de mujeres en Mars Hill, por todo lo que hizo para ayudarme. Gracias por orar por mí y por amar a las mujeres de la manera que lo haces. Él lo ve.

Y por supuesto, siempre estoy en deuda con mi familia, por su amor, su oración y la paciencia que me tuvieron mientras luchaba con este proyecto y deambulaba como zombi todos los días durante meses. Phil, como siempre, ha sido excepcionalmente bueno conmigo; me dejaba la comida debajo de la puerta y todo el tiempo me recordaba, como lo hizo cuando me encontraba en la sala de parto a la espera de que mis hijos nacieran: "Ya casi terminas, querida", esperando que el zombi no saliera de la habitación para morderlo.

He sido bendecida con tres hijos maravillosos que a su vez tienen cónyuges extraordinarios: James y Michelle, Cody y Jessica, y Joel y Ruth. Su amor y apoyo continuos significan más para mí de lo que podría expresar. Mi madre, Rosemary, y mi hermano, Rick, han orado por mí, y por eso les estoy muy agradecida. Y por supuesto, estoy muy agradecida por mis queridos: Wesley, Hayden, Eowyn, Allie, Gabe y Colin. Es mi deseo que ustedes conozcan la diferencia entre la ley y el evangelio, y que las buenas nuevas de lo que Él ha hecho les impulsen hacia un amor ferviente en sus vidas para su gloria. Soy bendecida.

NOTAS

1. Metro-Goldwyn-Mayer, SLM Production Group, 1982.
2. Wayne Grudem, ed., *Biblical Foundations for Manhood and Womanhood* [Fundamentos bíblicos para el hombre y para la mujer] (Wheaton, IL: Crossway, 2002), p. 15.
3. Para una exposición más extensa de los roles de género, véase "Creencias Fundamentales", *the Council on Biblical Manhood and Womanhood* [Consejos sobre el hombre y la mujer en la Biblia], http://cbmw.org/core-beliefs.
4. Antes de que comience a preguntarse si me fui al extremo y me volví una cuasi feminista, déjeme ser muy clara acerca de mi posición sobre estos asuntos: el Nuevo Testamento prueba que Jesús amaba y se relacionaba con mujeres que se sentían cómodas y recibidas por Él, y que Él apreciaba su compañía a medida que lo acompañaban y lo ayudaban a sustentarse.

   Creo que tanto el hombre como la mujer fueron creados igualmente a imagen de Dios. Eso significa que apoyo la igualdad ontológica de los sexos.

   Creo que tanto el hombre como la mujer han caído de la misma manera y están igualmente expuestos al engaño y al pecado. Apoyo la equidad hamartiológica de los sexos.

   Creo que tanto el hombre como la mujer son igualmente llamados al arrepentimiento, la fe y el nuevo nacimiento. Apoyo la igualdad soteriológica de los sexos.

Creo que tanto el hombre como la mujer se sentarán en la mesa de las bodas del Cordero, y ambos serán llamados la Esposa de Cristo. Estoy en contra del punto de vista que afirma que la mujer será una esclava sexual de los hombres meritorios. Apoyo la equidad escatológica de los sexos.

Creo que tanto el hombre como la mujer están igualmente capacitados para cumplir con los roles a los que han sido llamados. Creo en la igualdad pneumatológica de los sexos.

Creo que Dios ha establecido roles de género específicos para el hombre y para la mujer en la casa y en la iglesia, que coinciden con el diseño con el que fueron creados. En este aspecto, soy complementarista; en otras palabras, creo que la mujer fue creada para que vaya al lado del hombre y sea un complemento de su diseño original en la casa y en la iglesia.

Estoy en contra de cualquier punto de vista que degrada a la mujer, que la trata como un objeto, que la esclaviza, que abusa de ella o la daña de cualquier forma, en función de la mentira misógina que establece que la mujer intrínsecamente tiene menos valor que el hombre. Me opongo especialmente a la suposición equivocada que se escucha en algunos círculos religiosos de que los problemas del mundo son todos por culpa de Eva. ¿No fue el trabajo de Satanás tentar a Eva para que pecara, y luego utilizar su caída para avergonzar y dañar a todas sus hijas?

Estoy en contra de cualquier punto de vista donde la idea de sumisión insinúe que la mujer está llamada a someterse porque tiene menos valor o menos habilidad innata para discernir, o que la sumisión debe extenderse a cada ámbito de la vida, incluso si se le requiere que peque o si su conciencia se ve comprometida. También estoy en contra de la idea de que la mujer debe someterse a todo hombre, sin importar la relación que los vincule.

Estoy agradecida por el derecho a votar tanto en mi iglesia como en mi país.

Creo que es apropiado, y un gran bien, igual salario por igual trabajo, y me resulta desalentador y angustiante ver que se le paga menos a la mujer por el mismo trabajo que hace el hombre porque, de alguna manera, el hombre necesita más el dinero o porque es más valioso.

Creo que la mujer debería tener los mismos derechos de propiedad y civiles que el hombre, en una sociedad libre como la nuestra.

Creo que el aborto es un gran mal que, no solo ha asesinado a millones de bebés, sino que también ha herido profundamente a millones de hombres y mujeres.

Creo que el hombre fue ordenado por Dios para liderar su hogar y la iglesia, y que Dios ha dotado a la mujer para que lo ayude de muchas maneras. También creo que la mujer puede, y debería, ayudar al hombre en su liderazgo, de la manera en que se le solicite y de la forma que pueda.

Creo que la mujer fue dotada por Dios para trabajar junto a los líderes varones de la iglesia en distintos roles, entre los que se incluyen: servir como diaconisas, cumplir con los ministerios de misericordia, enseñar, participar en el ministerio de la música, evangelizar y aconsejar. Creo que soy libre de enseñar a una audiencia de ambos géneros en formato de conferencia donde otros hombres y mujeres no ordenados pueden enseñar.

Si realmente le interesa saber lo que creo acerca de los roles del hombre y de la mujer, especialmente en el hogar, puede leer mi libro *Helper by Design* [Ayudante por naturaleza] (Chicago: Moody Publishers, 2003).

Aunque apoyo la posición complementarista, lo hago sin mucha rigidez y no estoy dispuesta a quedarme con esa sola idea, ni tampoco pienso que esa posición tenga líneas fundamentales de demarcación entre los creyentes verdaderos y los falsos. El punto clave es confiar en la eficacia de la vida, la muerte y la resurrección de Cristo, y nada más.

5. El doctor Barrs hace referencia a Efesios 5; 1 Corintios 11, 14; y 1 Timoteo 2.

6. Melanie Benedict, *Seeing Women through God's Eyes* [Consideremos a la mujer a través de la mirada de Dios], ByFaith, 11 de junio dc 2009, http://byfaithonline.com/seeing-women-through-gods-eyes (énfasis añadido).

7. Nuevamente, no quiero decir que no haya nada bueno en estos libros. Pero hubo un énfasis excesivo en estos dos pasajes en particular, y necesita ser corregido.

8. Soy consciente de que estoy pintando la escena con un pincel muy amplio. Algunas mujeres de contextos urbanos o de ciertas denominaciones no han sido forzadas en este molde, pero la realidad sigue siendo que, en gran parte del evangelismo conservador, esta es la regla general.

9. *ESV Study Bible* [Biblia de Estudio en la Versión Estándar en Inglés] (Wheaton, IL: Crossway, 2008), nota de Romanos 16:1.

10. *ESV Gospel Transformation Bible* [Biblia de la transformación del evangelio de la Versión Estándar en Inglés] (Wheaton, IL: Crossway, 2013), nota de estudio sobre Juan 6:22-59.

11. Mark Driscoll, *A Call to Resurgence: Will Christianity Have a Funeral or a Future?* [Un llamado al resurgimiento: el cristianismo, ¿tendrá un funeral o un futuro?] (Carol Stream, IL: Tyndale, 2013), p. 8.

12. Warner Bros., 2013. De IMDb.

13. Christian Smith y Melinda Lundquist Denton, *Soul Searching: The Religious and Spiritual Lives of American Teenagers* [Búsqueda interior: las vidas religiosas y espirituales de los adolescentes de Estados Unidos] (2005; repr., Nueva York: Oxford University Press, 2009).

14. En 1 Timoteo 2:14 Pablo aclara que Eva fue engañada primero, pero ese engaño no fue porque ella tuviera una falla inherente por la forma en que Dios la había diseñado. Simplemente es una declaración de que Eva fue engañada y, por lo tanto, su rol como ayuda de su

esposo fue empañado. La nota de la Biblia de Estudio de la Versión Estándar en Inglés de 1 Timoteo 2:14 afirma que aunque "Eva pecó primero como resultado de haber sido engañada, el pecado de Adán fue consciente y voluntario, con consecuencias devastadoras para toda la humanidad (véase Romanos 5:12)." Si la mujer tuviera que ser descartada para estudiar la doctrina porque Eva fue engañada, entonces el hombre también debería ser descartado porque Adán no fue engañado, sino que desobedeció voluntariamente.

15. Michka Assayas, *Bono: In Conversation with Michka Assayas* [Bono: una entrevista con Michka Assayas] (Nueva York: Riverhead Books, 2005), p. 205.

16. Dustin Kensrue, *It's Not Enough* [No es suficiente], The Water and the Blood [El agua y la sangre], publicado el 30 de septiembre de 2013, Tower Records, 139th Broadway, compact disc.

17. En la Iglesia Católica Romana de los siglos XII y XIII las personas creían que podían disminuir el tiempo que tendrían que pasar en el purgatorio por los pecados que habían cometido (aún cuando ya habían sido perdonados) si hacían buenas obras u ofrendaban su dinero. Esta práctica contraria al evangelio fue uno de los motivos principales de la Reforma Protestante. El foco de la Reforma era que las personas no podían obtener mérito o compensación por los pecados que habían cometido. El perdón total lo obtenían solamente a través de la gracia, solo a través de la fe en Cristo. Tratar de añadir obras carnales a la obra perfecta de Cristo era anatema para personas como Martín Lutero y Juan Calvino.

18. La intención del libro de Proverbios es mostrarnos cómo funciona mejor el mundo, en términos generales. Escuché a Mike Horton decir que los proverbios de Salomón nos dicen en qué dirección corre la corriente del mundo y que, cuando ignoramos esa corriente, nos enfrentamos con distintos problemas. En mis propias palabras, evitamos las divisiones y todo es más sencillo cuando vamos con la corriente, en lugar de ir en contra de ella.

19. Dennis Johnson, como se cita en mi libro *Helper by Design* [Ayudante por naturaleza] (Chicago: Moody, 2003), p. 187. El doctor Johnson es profesor de Teología Práctica en el seminario de Westminster en California. Estas notas fueron a raíz de una comunicación personal que tuve con él.

20. Este es un motivo más por el que debería alentarse a la mujer a estudiar la Biblia y leer libros que la hagan crecer teológicamente.

    Un estudio básico, ya sea por su cuenta o con otras mujeres, acerca de los diferentes géneros literarios que se encuentran en la Biblia le ayudará mucho a la hora de interpretar lo que está leyendo y cómo aplicarlo en su vida. Personalmente, disfruto la *ESV Study Bible* [Biblia de Estudio de la Versión Estándar en inglés] y las notas de estudio de la *ESV Gospel Transformation Bible* [Versión Estándar en inglés de la Biblia de la transformación del evangelio].

    Frecuentemente, las estudio cuando quiero entender lo que el Señor está tratando de decirme a través de su Palabra.

21. Según la Biblia de Estudio de la Versión Estándar en inglés: "La palabra hebrea abarca también la idea de provocar la muerte por descuido o por negligencia."

22. En este punto, no emitiré opinión de si consumir alimentos orgánicos la harán más saludable o no. Seguiré esa suposición.

23. Martín Lutero, *Comentario sobre Gálatas*, *Crossway Classic Commentaries* (Wheaton, IL: Crossway Books, 1998), xxii.

24. Lutero, *Comentario sobre Gálatas*, p. 177.

25. Lutero, *Comentario sobre Gálatas*, p. 169.

26. *ESV Gospel Transformation Bible* [Versión Estándar de la Biblia en inglés, Biblia de la transformación del evangelio] (Wheaton, IL: Crossway, 2013), nota de estudio acerca de Juan 4:16-26.

27. John T. Pless, *Handling the Word of Truth: Law and Gospel in the Church Today* [Cómo manejar la Palabra de la verdad: la ley y el

evangelio en la iglesia de hoy] (St. Louis: Concordia, 2004), libro electrónico, situado en I80.

28. C. S. Lewis, *Christian Reflections* [Reflexiones cristianas], (Grand Rapids: Eerdmans, 1967), p. 14.

29. Doctor Art Lindsley, *C.S. Lewis on Humility (and pride)* [C.S. Lewis habla sobre la humildad (y el orgullo)], Instituto C.S. Lewis, 8 de octubre de 2012, www.cslewisinstitute.org/C.S._Lewis_on_Humility_and_Pride, consultado en línea el 23 de abril de 2014.

30. John LaRosa, *Self-Improvement Market Has Unfilled Niches for Entrepreneurs* [El mercado de la automejora posee vacantes para los empresarios], PRWeb, 26 de marzo de 2012, www.prweb.com/releases/2012/3/prweb9323729.htm.

31. Gracias a mi hijo, Joel Fitzpatrick, por ayudarme a entender esta perspectiva de la negación de Cristo en un sermón que predicó en la iglesia presbiteriana de *North Citu,* Poway, California, el 29 de diciembre de 2013.

32. Michael S. Heiser, "Glossary of Morpho-Syntactic Database Terminology" [Glosario de terminología morfo-sintáctica] (Software Bíblico Logos, 2005).

33. *ESV Gospel Transformation Bible* [Versión Estándar de la Biblia en inglés, Biblia de la transformación del evangelio] (Wheaton, IL: Crossway, 2013), nota de estudio acerca de Juan 14:6.

34. Ibid.

35. Ibid.

36. C. F. W. Walther, *The Proper Distinction between Law and Gospel* [La distinción correcta entre la ley y el evangelio] (St.Louis: Concordia, 1961).

37. Walter Marshall, *The Gospel Mystery of Sanctification: Growing in Holiness by Living in Union with Christ* [El misterio de la santificación del evangelio: Cómo crecer en santidad si vivimos con Cristo] (Eugene, OR: Wipf and Stock, 2005), pp. 39–40.

38. Touchstone Pictures, 1988. De IMDb.

39. Katherine M. Harris, PhD, Sharon Larson, PhD, y Mark J. Edlund, MD, PhD, *Use of Prescription Psychiatric Drugs and Religious Service Attendance* [El uso de los medicamentos psiquiátricos recetados y la asistencia al culto religioso], Psychiatric Services 56, nro. 4 (1 de abril de 2005): ps.psychiatryonline.org. En el presente estudio, las personas que no asistían a la iglesia y las personas que asistían regularmente tuvieron prácticamente el mismo nivel de uso; cerca del treinta por ciento de ambos grupos utilizó medicamentos psiquiátricos recetados. Las personas que asistían a la iglesia sólo de tres a cinco veces al año tuvieron el porcentaje más alto de uso (aproximadamente un treinta y seis por ciento). Para mayor información sobre este tema, vea mi libro coescrito con Laura Hendrickson, *Will Medicine Stop the Pain?* [La medicina, ¿detendrá el dolor?] (Chicago: Moody, 2006).

40. Walter Bauer, *A Greek-English Lexicon of the New Testament and Other Early Christian Literature* [Léxico griego-inglés del Nuevo Testamento y otras literaturas cristianas antiguas], 3era. ed., ed. y rev. Frederick William Danker (Chicago: University of Chicago Press, 2001), p. 444.

41. Este dicho se encuentra en la literatura griega antigua y en las fábulas de Esopo. No está escrito en ninguna parte de la Escritura. Aunque muchos cristianos lo hayan creído, esta idea es contraria al evangelio. Vea el alarmante estudio acerca del nivel de confusión que existe en la comunidad cristiana: George Barna y Mark Hatch, *Boiling Point: How Coming Cultural Shifts Will Change Your Life* [Punto de ebullición: Cómo cambiarán su vida los cambios culturales futuros] (Ventura, CA: Regal, 2003), p. 173.

42. Biblia de Estudio de la Versión Estándar en inglés (Wheaton, IL: Crossway, 2008), nota en la introducción al libro de Isaías, 1235.

43. Paul David Tripp, *Instruments in the Redeemer's Hands: People in Need of Change Helping People in Need of Change* [Instrumentos en las

manos del Redentor: personas que necesitan un cambio que ayudan a otras personas que necesitan un cambio] (Phillipsburg, NJ: P & R Publishing, 2002), p. 35.

44. Podemos suponer que Jesús operaba como "única cabeza del hogar" ya que, en algún momento posterior a su visita a Jerusalén cuando tenía doce años, su padre terrenal, José, murió. Nunca se menciona a José en los Evangelios después de ese tiempo, aunque su madre, María, y sus hermanos sí son mencionados. Por deducción, podemos suponer que como hijo mayor, Jesús asumió la responsabilidad del hogar. Además, cuando Jesús estaba muriendo en la cruz, le encomendó el cuidado de su madre a su mejor amigo (véase Juan 19:26-27). Jesús no tendría que haberlo hecho si José hubiese estado vivo.

45. Véase Deuteronomio 28.

46. Graeme Goldsworthy, *The Goldsworthy Trilogy: Gospel and Kingdom, Gospel and Wisdom, The Gospel in Revelation* [La trilogía de Goldsworthy: el evangelio y el Reino, el evangelio y la sabiduría, el evangelio del Apocalipsis] (Waynesboro, GA: Paternoster Press, 2000), p. 174.

47. Timothy Keller con Kathy Keller, *The Meaning of Marriage: Facing the Complexities of Commitment with the Wisdom of God* [El significado del matrimonio: cómo enfrentar las complejidades del compromiso con la sabiduría de Dios] (New York: Riverhead Books, 2011), p. 44.

48. Graeme Goldsworthy, *The Goldsworthy Trilogy: Gospel and Kingdom, Gospel and Wisdom, The Gospel in Revelation* [La trilogía de Goldsworthy: el evangelio y el reino, el evangelio y la sabiduría, el evangelio del Apocalipsis] (Waynesboro, GA: Paternoster Press, 2000), pp. 174–75.

ACERCA DE LA AUTORA

ELYSE FITZPATRICK tiene una maestría en consejería bíblica del Seminario Teológico Trinity. Es autora de más de veinte libros sobre la vida diaria y la vida cristiana. Predica con frecuencia en conferencias para mujeres, está casada desde hace cuarenta años y tiene tres hijos adultos y seis nietos realmente adorables. Junto con su esposo, Phil, Elyse es miembro de la Iglesia de la Comunidad de Valley Center, una congregación reformada en la comunidad de Valley Center, California.